영업은
처
음
입니다

영업은 처음입니다

초판인쇄 2018년 3월 26일
초판 2쇄 2019년 1월 11일

지은이 이혜경
펴낸이 채종준
기획 · 편집 이강임
디자인 홍은표
마케팅 송대호

펴낸곳 한국학술정보(주)
주 소 경기도 파주시 회동길 230(문발동)
전 화 031-908-3181(대표)
팩 스 031-908-3189
홈페이지 http://ebook.kstudy.com
E-mail 출판사업부 publish@kstudy.com
등 록 제일산-115호(2000. 6. 19)

ISBN 978-89-268-8394-5 13320

영업은 처음입니다

이혜경 지음

어쩔 수 없이 영업에 뛰어든
내성적인 여성이
웅진그룹 영업 1위,
10년간 억대 연봉을
달성하기까지의
마음 따뜻해지는
영업 이야기

"영업은 그 사람에게 꼭 필요한
도움을 주는 일입니다."

웅진그룹
윤석금 회장
강력 추천

이담
Books

꿈은
열정으로
이루어진다.

이혜경 님의 글을 읽으면서 오랜만에 추억에 잠겼습니다. 저자가 근무한 1999년 즈음은 학습지 시장이 비약적으로 성장하던 시기였습니다. 웅진 역시 다른 회사와 차별화한 '창의력'을 주제로 학습지 〈씽크빅〉을 개발했고, 그것이 시장에서 큰 반향을 일으키고 있었습니다. 하지만 영업 현장은 매일 전쟁터와 다름없었습니다. 다른 학습지회사들과 치열한 경쟁을 벌여야 했기 때문입니다. 회사 내부에서 교사들끼리의 경쟁도 심해서 어지간한 영업실력이 없이는 도저히 버티기 힘든 때였습니다.

전국 최고 실적자에게 주는 '문봉상'을 수상하고, 전국 꼴지 팀을 1위 팀으로 만들었다니 실력이 어느 정도였는지 짐작할 수 있습니다. 이때 쌓은 영업 경험을 바탕으로 26년 동안 영업 분야에서 일을 했다는 글을 읽고, 큰 박수를 쳐드리고 싶었습니다. 그것도 내성적이고 낯가림 심한 주부였던 분이 이런 사회적 성과를 이루어냈다는 사실에 놀라지 않을 수 없습니다.

흔히 외향적이고 말을 잘 하는 사람들이 영업을 잘할 것 같지만 실제로는 꼭 그렇지 않습니다. 저자처럼 내성적이고 낯을 많이 가리는 여성이 오히려 숨겨진 저력을 발휘하는 경우를 종종 보았습니다. 내성적인 사람은 말수가 적은 대신 고객들에게 신뢰를 주고, 목표로 정한 일에 몰입하는 경향이 있습니다. IMF로 힘든 상황에서 학습지 영업에 뛰어들어 자신의 단점을 장점으로 바꾼 노력이 눈물겹습니다. 내성적이라는 단점을 극복하기 위해 처음 고객을 만났을 때부터 헤어질 때까지, 어떻게 말하고 행동할 것인지를 거울을 보며 수없이 연습했다고 합니다. 매일 고객에게 전화를 20통 이상 돌리고, 길거리에 나가 전단지를 나눠주며 무료 진단 테스트를 해주는 열정으로 낯을 가리는 성격을 극복했습니다. 팀장이 된 후에도 팀원선생님들과 현장을 돌아다니고, 하루 12시간 이상 영업을 하는 것이 너무나 즐거웠다고 합니다.

영업에서 얻은 자산은 '무엇이든 할 수 있다'는 자신감이 아닐까 합니다. 영업을 제대로 해본 사람은 어려움이 닥쳐도 쉽게 좌절하거나 포기하지 않습니다. 오히려 역경을 딛고 일어서 새로운 목표에 도달하겠다는 투지를 갖습니다. 저자가 바로 그런 경우입니다. 이후 보험영업에 도전해서 또 다시 큰 성공을 이루고, 억대 연봉자에 올랐습니다. 열심히 사는 어머니를 보고 자란 두 아들이 스스로 경쟁력을 만드는 멋진 젊은이로 성장한 것은 어쩌면 당연한 일인지도 모르겠습니다.

이 책에는 저자가 26년 동안 영업을 하면서 겪은 기쁨, 슬픔, 좌절, 극복, 행복의 이야기가 들어있습니다. 조용하고 내성적이던 주부가 영업전문가로 변화해가는 과정이 무척이나 흥미롭습니다. 저자의 열정과 노력, 꿈과 희망이 책을 읽는 사람에게까지 그대로 전해집니다. 단순히 영업 노하우를 전하는 내용에 그치는 것이 아니라, 그 안에 꿈이 있는 삶, 열정적인 인생을 사는 방법을 함께 담아 놓았다는 점에서 더욱 빛나는 가치를 지닌 책입니다.

웅진그룹 회장 윤석금

3장 100% 성공하는 영업 프로세스

'나에게도
이런 책이
있었더라면……'

'어떻게 하면 영업으로 성공할 수 있을까?'
'영업의 비법은 무엇일까?'
'영업으로 과연 내 삶을 반전시킬 수 있을까?'

처음으로 영업이라는 일에 도전하면서 어떤 고민을 하십니까?
혹시 결과만을 중시 여기는 조직 내에서 준비 없이 서두르고 있습니까?
이제 막 영업을 시작하는 영업인들은 설레는 마음보다 두려운 마음
으로 이런 질문들을 던집니다. 위 질문들에 대한 답을 이 책에 고스
란히 담았습니다. 부디 이 책에서 마음을 사로잡는 해결책을 찾아서
끊임없이 행동하십시오!

저 역시 영업을 처음 시작하면서 엄청난 고민을 했습니다. 26년이

지난 지금 다행히 그 고민들에 정확하게 답변할 수 있는 사람이 되었습니다. 지방 대학을 나와서 특별한 재능이 없는 주부가 할 수 있는 일이 영업이었습니다. 내성적인 데다 낯가림이 심해서 두려움에서 벗어나기가 어려웠습니다. 자존심이 무너지면 도저히 영업을 할 수 없을 것 같았습니다. 그래서 '처음부터 잘 할 수 있는 방법이 없을까?' 하고 고민을 했습니다. 나의 단점을 장점으로 변화시키기 위해 노력했습니다. 결국 초반에 나에게 맞는 영업 방법을 찾아내는데 성공했습니다.

처음부터 내가 할 수 있는 영업목표를 세워 계속해서 작은 성공의 맛을 보면서 성장해나갔습니다. 점점 자신감이 쌓여갔습니다. 영업현장에서 얻은 자신감은 저를 더욱 열정적인 사람으로 만들어 주었습니다. 사람마다 성격과 개성이 다르듯 영업에도 자신에게 맞는 방법이 분명히 있습니다. 그것을 찾아내야 합니다. 영업은 무엇보다 자신감이 있어야 성공할 수 있습니다. 그러므로 처음에는 작은 성공의 경험을 많이 쌓아야 할 필요가 있습니다. 작은 성공의 경험들이 모여서 큰 성공을 이룰 수 있는 것입니다.

저는 객관적으로 판단할 때 영업을 잘 할 수 있는 성격이 절대 아니었습니다. 그러나 영업 초반에 저에게 맞는 영업 방법을 찾을 때까지, 연구하고 고민한 결과 영업이 즐겁고 행복해졌습니다. 영업에 자신감이 생긴 저는 다양한 영업에도 과감히 도전할 수 있었습니다. 학원 영업, 푸드트럭과 노점 영업, 학습지 영업, 인터넷 쇼핑몰 영업, 보험 영업뿐만 아니라 지점장과 기업 영업 관리 등 구체적인 영업 방법은 달랐지만 각 영업에서의 성공 포인트는 모두 흡사했습니다. '내가 마음만 먹으면 무엇이든지 이룰 수 있다.'라는 자신감은 영업에 있어서 가장 중요한 마음가짐입니다. 이렇듯 영업은 한번 성공하면 계속 성공을 부릅니다.

26년간 영업을 하면서 영업의 본질이 '사람을 진심으로 돕는 일'이라는 심오한 깨달음을 얻었습니다. 영업의 본질을 수행하려면 먼저 사람을 이해하려고 노력해야 하며, 그 사람이 무엇을 원하는지를 함께 찾아내야 합니다. 고객의 욕구를 날카롭게 찾아내어 마음을 움직이는 해결책을 제시해야 합니다. 그리고 도움을 주는 일을 끊임없이 해야 합니다. 이렇게 순수한 마음이 지속될 때 오랫동안 좋은 영업인으로 성장하며 일할 수 있습니다.

영업은 평범한 사람들에게 성공할 수 있는 기회와 다양한 경험을 주기에 멋진 일입니다. 저는 삶에서 영업으로 인해 얻은 것이 엄청나니다. 영업으로 인해 열정적인 삶을 살 수 있었고, 내 소중한 가정을 지켜낼 수 있었으며, 절대로 넘어지지 않는 삶의 내공 또한 얻었습니다. 나아가 영업으로 많은 꿈들을 실현하면서 적지 않은 나이에 또 다른 소중한 꿈들을 키울 수 있었습니다. 또한 나에게 잠재되어 있던 능력들을 일깨울 수 있었습니다. 영업의 본질을 깨달은 나에게 이것들은 멋진 보상이라고 생각합니다.

이 책을 영업을 처음 시작하는 분이나 영업을 초심으로 새롭게 도전하시는 분에게 추천 드립니다. '사람을 진심으로 돕는 마음'으로 영업했던 지난 26년을 정리하며 이 책을 썼습니다. 영업은 처음 시작 때가 가장 중요하다는 사실을 잘 알고 있기에, 영업을 처음부터 잘 하기를 원하시는 분들에게 이 책은 좋은 지침서가 될 것입니다.

1장은 평범했던 제가 26년간의 영업으로 얻은 삶의 선물들에 관한 내용이며, 2장은 '영업의 시작은 이렇게 하라'는 시작의 중요성을 담았습니다. 3장은 실천만 하면 100% 성공하는 검증된 영업프로세스이며, 4장은 경쟁시대에 이길 수 있는 차별화된 영업 기법에 대한 내용입니다. 마지막으로 5장은 '앞으로 펼쳐질 미래 영업을 어떻게 준비해야 할 것인가?'에 대해 제 생각을 제시하였습니다. 영업현장에서 실제로 활용할 수 있도록 제가 아는 치밀하고 구체적인 방법을 이 책에서 모두 제시하였습니다.

이 책을 통해 영업에 대한 막연한 두려움을 버리고, 자신만의 영업 방법을 찾는데 몰두하십시오! 그리고 즉각적으로 행동하십시오! 반드시 성공할 수 있습니다. 앞으로 여러분에게 엄청난 미래가 펼쳐지리라고 믿습니다.

구름나무 작업실에서

이혜경

BUSINESS

영업은 평범한 사람들이
성공할 수 있는 멋진 일이다.
영업은 당신이 꿈꾸는 크기만큼
삶의 선물을 준다.

1장

영업으로 얻은
삶의 선물

BUSINESS

1

열정적인 삶을 살다

"최고의 경쟁력은 열정이다."

– 잭 웰치

준비 없이 영업을 시작하다.

　나는 지극히 내성적인 성향에 낯을 많이 가리는 여성이었다. 1991년, 대학을 졸업하고 처음으로 하게 된 일이 중학생들에게 수학을 가르치는 일이었다. 강의하는 것은 나의 적성에도 맞고 재미있어서 별 어려움이 없었다. 그런데 학원에서 수업을 마친 강사들에게 전단지를 쥐여 주며 원생모집을 시키는 것이 아닌가. 나는 그때 무척 당황했었다. 그렇게 뜻하지 않게 처음으로 영업을 접하게 되었다. 영업에 대한 공포와 두려움으로 강의도 재미가 없어졌다. 시간 채우기 식으로 일을 하다 보니 당연히 성과도 없었고 자신감도 점점 떨어졌다.

　그러다 결혼 후에 첫아이를 출산하면서 정신이 번쩍 들었다. 친구들은 좋은 환경에서 아이를 키우는데, 나는 열악한 환경에서 아이를 키워야 했다. 연탄불을 아무리 피워도 아기 코가 항상 빨개질 정도로 방이 추웠다. 밤에는 기차 지나가는 소리에 아기가 놀라는 모습을 보며 엄마로서 가슴이 무척 아팠다. 어떻게든 정신을 차려야 했다.

　가난에서 벗어나기 위해 남편과 더 열심히 살기로 맹세했다. 남편은 직장생활을 열심히 하고, 나는 아기를 돌보며 할 수 있는 일을 찾았다. 시내에서 한참 떨어진 대학교 근처에 방 한 칸이 딸려있는 작은 만화방을 얻어 만화방을 했다. 내 나이 26세였다. 그것도 영업이 필요했다.

　아기를 키우며 장사를 한다는 것이 이만저만 힘든 게 아니었다.

모유수유를 하다가도 손님이 들어오면 강제로 떼고 반갑게 맞이해야 하는 게 비참하게 느껴질 때가 많았다. 아기랑 외출도 거의 못했다. 그래도 인내심을 가지고 2년을 장사해서 드디어 이천만 원이란 밑천이 마련되었다. 사실 만화방 영업은 찾아오는 손님들에게 친절하고 성실하기만 하면 되는 것이었다.

열정적인 행동은 자신감을 키우고 성공의 문을 연다.

1995년, 대구 시내에 종합학원을 차려서 아이를 새로운 환경에서 키울 수 있었다. 나의 열정적인 삶은 이때부터 시작이었다. 드디어 본격적인 영업이 시작되었던 것이다. 사실 처음엔 학원을 운영하는 데 왜 영업을 비중 있게 해야 하는지 몰랐었다. 그러나 학원은 저절로 운영되는 것이 아니었다. 학생들이 학원으로 와야 되기 때문에 나는 매일 원생 모집을 위해 고민하고 행동해야만 했다. 그때 나는 절박했다. 가까스로 모은 돈으로 학원을 차렸기 때문이었다.

'나에게 실패란 절대 없다'라는 다짐을 하면서 용기를 내었다. 하지만 낯선 사람들에게 내가 먼저 다가선다는 것이 항상 두려웠다. 아파트 단지 안에 들어가서 초인종을 누르는 것부터 죽을 지경이었다. 차라리 아무도 안 나왔으면 좋겠다고 생각하면서 초인종을 누를 때도 있었다. 그러다 보니 영업 현장에 나가기 전에 내가 잘 할 수 있는 영업 방법에 대해 연구하고 고민하게 되었다. 내성적이고 낯가림이 심한 단점을 보완하기 위한 전략이 필요했다.

먼저 처음 사람을 만났을 때부터 말과 행동에 대해 세밀하게 스크립트를 짰다. 그리고 거울을 보며 수도 없이 연습했다. 상대가 여러 경우로 거절할 것까지 예상하면서 대본을 통해 연습했다. 스스로 마음에 들만큼 충분한 연습을 마치자 확신을 얻을 수 있었다. 그러자 신기하게 마음에 여유가 생기고 행동할 수 있는 자신감이 생겼다. 나만의 영업 방법을 찾은 것이다.

영업 현장에서 학모가 나오면 활짝 웃으며 다가가서 연습한 대로 대화를 시도했다. 나 자신이 놀라울 정도로 반응이 좋았고, 그대로 결과로 나타났다. 매일 반복적으로 하니까 엄청난 자신감이 생기기 시작했다. 동네에 전단지를 돌리기도 하고, 수업이 끝나면 영업에 집중했다. 여동생과 함께 일을 하면서 의지가 많이 되었고, 신나게 일할 수 있었다. 하루하루가 쌓이기 시작하면서 학원에 학생들이 모이기 시작했다. 신이 나서 더욱 열정적으로 수업을 하니 학모들 사이에 입소문이 나기 시작했다. 그렇게 3년이 지나자 원생들이 가득차서 학원에 더 이상 앉을 자리가 없어졌다. 그래서 가까운 장소에 학원을 하나 더 오픈하게 되었다. 처음으로 스스로 이루어냈다는 성취감에 가슴이 벅찼다.

그러나 IMF가 시작되자 상황이 어려워졌다. 학원을 유지하기 위해 장사를 결심하고 1톤 트럭을 샀다. 아침에 교사 미팅을 잠깐 하고,

정장차림으로 동생이랑 공원에 트럭을 끌고 가서 노점을 펼쳤다. 순대, 떡볶이, 핫도그, 오뎅, 심지어 호떡까지 구워서 팔았다. 정장을 한 특이한 우리 자매를 보고 손님들이 많이 왔다. 신기하게 꾸준히 많은 현금이 들어왔다. 동생과 나는 현금이 들어오는 재미에 힘든지도 모르고 학원과 노점 장사를 열심히 했다. 밤 12시쯤 하루 일과를 마치고 학원 내에 있는 집으로 돌아와서 학원 정리랑 장사한 그릇들을 정리하고 나면 지칠 대로 지쳤다. 그러나 아이를 챙겨주는 남편과 늘 도와주는 동생 덕분에 힘을 낼 수 있었다. 그렇게 몇 개월이 흐르자 결국 몸에 이상이 왔다. IMF 여파도 심해져 결국 3개월을 쉬면서 충전할 수 있었다. 첫 달은 잘 쉬었지만 점점 시간이 아까워졌다. 30세의 나이에 난 이미 열정적인 삶이 나를 얼마나 행복하게 하는지 알게 되었다. 더 이상 시간을 낭비하고 싶지 않았다.

열정은 모두에게 엄청난 에너지를 준다.

경기가 어떻게 될지 몰라서 월급 받는 학습지 영업을 시작했다. 처음이었지만 학원을 경영하면서 영업에 자신감을 얻어서 그런지 수업은 물론이고 학습지 영업이 너무 재미있었다. 오후에 수업이 있는 시간을 제외하고, 오전에는 초등학교 앞에서 학모들과 상담을 했다. 상담을 하면서 무료로 진단 테스트를 해주겠다고 약속을 잡고, 매일 20통 이상 전화를 했다. 소개로 들어오는 수업뿐 아니라 이런 식의 영업으로 새로 시작한 수업도 많아서 실적이 폭발적이었다. 관리자들도 놀라움을 금치 못했다. 매달 꾸준한 실적이 나와서 나는 줄곧 우수 교사상을 받으며 누적 실적으로 전국 1위를 달성했다. 그러자 회사에서 최고의 대접을 받으며 영업을 할 수 있었다. 이렇게 조직 안에서의 영업은 즉각적인 보상이 주어져서 또 다른 열정과 성취감을 맛볼 수 있었다. 한번은 남자 신입사원이 우연히 나의 급여명세서를 보고는 깜짝 놀라 하는 말이 내가 내는 세금이 자신의 급여보다 많다고 했다. 나는 웃으며 그 신입사원에게 당신도 열정적으로 열심히 하면 반드시 이 이상의 급여를 받을 수 있을 거라고 격려해 주었다.

이처럼 한번 내면에 익힌 영업의 방법은 다른 영업에서도 동일하게 적용되었다. 나는 학습지 영업이 너무 재미있어서 매일 열정적으로 일했다. 팀장이 되어서는 매일 팀원을 데리고 현장에 나가 영업 노하우를 직접 보여주며, 영업성과를 직접 체험하게 해주었다. 밤 10시에 팀원들이 일을 마치면 함께 정리를 해주고, 맛있는 음식을 먹으면서 얘기를 나눴다. 그러다가 새벽을 맞는 것도 일쑤였지만 당시는 일이 정말 즐거웠고, 우리는 쉽게 지치지 않았다. 이것이 바로 열정이다. 하루 12시간 이상 일을 하지만, 재미있고 행복한 것이 열정인 것이다. 혼자서 영업을 하던 때와 달리 열정은 옆 사람에게 전염이 되었고, 힘들고 어려워도 함께 견뎌낼 수 있게 만들었다.

처음으로 팀장이 되어 팀을 맡은 후 전국 꼴지를 하던 팀이 2년 만에 전국 최우수 팀이 되었다. 8명의 팀 선생님들이 한 분도 빠짐없이 열정적으로 행동한 결과였다. 혼자 1등하는 것보다 팀으로 뭉쳐서 1등 하는 것이 훨씬 더 행복했다. 우리는 기쁨의 눈물을 흘렸다. 우리 팀 모두는 그 벅찬 느낌을 오랫동안 지울 수 없었다. 모두 평범한 사람들이었고, 혼자서 일할 때는 어떻게 해야 할지 몰라 두렵고, 인정받지 못해 힘들어 하던 사람들이었다. 그러나 힘들었던 사람들끼리 뭉쳐 전국 1등이라는 짜릿한 경험을 했으니 얼마나 벅찼겠는가. 학창 시절에는 한 번도 해보지 못한 전국 1등이라는 기록은 우리에게 엄청난 에너지를 심어 주었다. 영업에서 가장 중요한 것은 '무엇이든 할 수 있다.'는 자신감인데 이 소중한 경험을 그런 자신을 갖게 한 것이다. 평생 가슴에 새겨져 유용하게 써먹을 자신감이 우리 모두에게 주어졌다.

열정은 계속 도전하게 한다.

나는 원하는 목표를 달성하고 나면, 더 높은 소득을 위해 다시 도전했다. 그러다가 2006년에 가장 어렵다는 보험영업에 도전했다. 보험영업은 더욱 세밀하게 전략을 세워 세미나 영업과 법인대표들을 대상으로 하는 영업으로 나누어 실행했는데, 입사 6개월 만에 MDRT를 달성하고, 억대 연봉을 받을 수 있었다. 창의적인 영업프로세스가 적중했기 때문에 계획한 목표를 예상보다 빠르게 달성할 수 있었다. 2년 만에 목표한 것을 모두 성취했으며, 목표를 성취한 후에도 나는 멈추지 않고 계속 꿈을 실현시켜 나갔다. 이후 영업 관리자가 되어 영업에 대해 끊임없이 연구하면서 영업의 본질과 성공의 핵심전략을 발견할 수 있었다.

각 영업의 핵심전략들은 뒤에서 구체적으로 제시하겠다. 그러나 그 모든 전략들을 한 마디로 정의한다면 바로 열정이다. 열정적인 행동을 한번만 경험하고 나면, 그 과정에서 얻은 배움이 자기 것이 되고, 열정적인 행동이 필요로 할 때마다 평생 꺼내 쓸 수 있는 나만의 무기가 된다. 열정적인 태도는 자신감을 키워 주며, 행복한 삶을 살 수 있는 길을 활짝 열어 준다. 나는 원래 영업을 잘할 수 없는 내성적인 사람이었다. 그러나 현실이 절박했던 만큼 나에게 맞는 영업 방법을 찾아 힘차게 도전했고 즉각 행동에 옮겼다. 그렇게 열정적인 태도가 무엇인지 알게 되었고, 그것이 지금 내 삶의 자양분이 되었다.

핵심 포인트

1 | 스스로 자신의 마음에 확신이 생길 때까지 노력하라.
그러면 열정적인 행동을 할 수 있다.

2 | 열정적인 행동은 자신감을 키우고
성공의 문을 연다.

3 | 열정적으로 행동하면 두려움이 사라지고
계속 도전하게 한다.

4 | 열정을 함께 나누면 모두에게
엄청난 에너지를 심어준다.

5 | 열정은 일을 즐겁게 하고
지치지 않게 한다.

2

행복한 가족이 되려면
영업의 본질을 배워라

"현상은 복잡지만 본질은 단순하다."

― 아리스토텔레스

영업의 본질은 '사람을 진심으로 돕는 일'이다.

영업은 겉으로 보면 사람들에게 유형이든 무형이든 어떤 상품을 파는 일이다. 그러나 26년간 영업현장에서 배운 영업의 본질은 '사람을 진심으로 돕는 일'이었다. 사람을 진심으로 돕는 일을 하려면 먼저 사람을 이해하려는 노력을 해야 한다. 즉 고객이 원하는 것이 무엇인지 찾아야 하며, 그 사람에게 실제로 어떤 도움이 필요한지를 고민해야 한다. 대화 속에서 고객이 진짜 원하는 것을 날카롭게 찾아서, 그것을 성취할 수 있도록 마음을 움직이는 해결책을 제시해야 한다. 그리고 마지막으로 고객이 자유롭게 선택하고 결정할 수 있도록 끝까지 돕는 것이 중요하다.

스스로 생각해 보라!

'현재 자신이 하고 있는 영업에서 반드시 성공하고픈 성취동기가 있는가?'

'내 사랑하는 가족에게 먼저 권하고 싶은 것인가?'

이 두 질문에 긍정적인 답변을 할 수 있다면 영업의 본질에 부합되는 것이다. 알다시피 모든 일은 본질에서 벗어나면 오랫동안 잘할 수 없다. 결과만을 중요하게 여기는 영업조직에서 고객이 원하고 필요한 것을 간과하고 이익에만 집중한다면 어떠한 결과가 나올까? 결국 본질에서 벗어나면 실패하게 되어 있다. 명심하라! 일을 시작할 때 먼저 일의 본질이 무엇인지 고민하라. 그것을 깨달았으면 그 본질에 충실하라. 그러면 반드시 성공한다.

행복한 가족이 되려면 영업의 본질을 실천하라.

영업의 본질을 깨달은 후, 영업을 잘하기 위해서 먼저 내가 만나야 할 사람들을 이해해야 했다. 낯가림이 심한 내가 한 번도 대면한 일이 없는 사람들을 이해하기란 무척 어려운 일이었다. 그래서 책을 찾아보기도 하고, 인터넷을 뒤져보기도 하고, 여러 사람들에게 물어보기도 하면서 여러 성격의 사람들을 이해하려고 끊임없이 노력했다. 그러다 보니 그 사람들에게 맞춰진 관점의 변화가 자연스럽게 내 가족에게도 향하게 되었다.

나에게는 두 아들이 있다. 나는 항상 바쁜 엄마로 아이들에게 자상하게 잘해 줄 수 없었다. 하지만 아이들이 느낄 수 있도록 가까운 곳에서 일을 하려고 노력했다. 그래서 두 아들은 어릴 적부터 엄마가 여러 가지 일을 하던 모습을 또렷이 기억한다.

화창한 어린이날이었다. 노점 장사를 할 때였다. 종종 공원에서 5살 큰 아들은 아빠랑 공놀이를 하며 뛰어놀고, 둘째 아들은 잔디밭에서 아장아장 걸음마를 했다. 큰 아들은 공원에서 놀다가 노점 장사를 하는 나에게 와서 공짜로 아이스크림이랑 핫도그를 맛있게 먹었던 기억이 난다고 했다. 다른 아이들은 돈을 주고 사먹는데 자신은 공짜로 맘껏 먹을 수 있어서 좋았다고 했다. 아이들의 마음에 그때의 기억이 어두웠던 기억이 아니라 행복했던 기억으로 남아 있었다.

그 후로도 나는 계속 아이들과 서로 지켜볼 수 있는 공간에서 일을 했다. 두 아들은 학교 앞에서 영업하는 나를 자주 만날 수 있었고, 그때마다 서로 눈인사를 하곤 했다. 집에서 아이들을 만나면 서로 하루의 무용담을 들려주기 바빴다.

아이들에게 자랑을 하고 싶어서라도 나는 더 열심히 일했던 것 같다. 그렇게 우리 아들들은 어떻게 우리 가정이 성장하는지, 엄마가 어떻게 변화되는지 지켜보면서 자랐다. 결혼 13년 만에 처음으로 우리 집이 생겨 일주일 동안 집들이를 하면서 많은 사람들에게 축하를 받던 일을 웃으며 함께 추억한다. 한밤중에 온 가족이 함께 학습지 전단지를 만들어서 몰래 아파트 현관문에 걸어 두었던 기억도 아이들과 가끔 신나서 이야기하곤 한다.

보험영업을 할 때 첫째 아들은 중학교 2학년, 둘째 아들은 11살로 예민한 청소년기를 보내고 있었다. 나는 하루 일과를 마치고 집에 돌아와서 매일 밤 두 아들과 내일 현장에서 상담할 내용을 스크립트로 만들어 롤 플레이를 했다. 두 아들에게 하루씩 번갈아가며 상대역을 주문했다. 또 하느냐고 눈살을 찌푸릴 때도 있었지만 나름 재미있어 했다. 나의 상담 고객층은 주로 법인사업가들이었는데, 그들의 행복한 삶을 위해 무엇을 준비해야 할지를 질문과 대화로 이끌어가는 상담이었다. 그때 아이들의 생각을 많이 들을 수 있어서 일을 하면서도 더할 나위 없이 행복한 시간이었다. 자연스럽게 아이들은 내가 하는 일에 관심을 가졌고, 자신들이 롤 플레이에 참여했던 실제 고객들의 반응과 결과가 어떤지를 몹시 궁금해 했다. 급기야 두 아들은 내가 퇴근하기를 기다리기까지 했다. 상담이 성공하는 날에는 현관에서부터 소리를 지르며 얼싸안고 기뻐했고, 실패하는 날에는 아이들이 먼저 '괜찮다'며 '다시하면 된다.'고 편들어 주며 위로해 주었다. 두 아들을 내 일에 적극적으로 참여시킨 점과 흥미를 가지고 지지하도록 만들었던 점은 나중에는 오히려 내게 많은 힘이 되어 주었다. 늘 바빠서 두 아들에게 신경을 못 써주는 엄마였지만 서로를 이해하면서 우리는 함께 성장할 수 있었다.

그러나 남편과는 서로 이해할 수 있는 시간을 가지지 못했다. 남편은 20년 전부터 심한 천식으로 고생을 하고 있는데, 일을 하다가 죽을 고비도 여러 차례 넘겼다. 일주일에 사흘은 응급실에 가야 했고, 입원과 퇴원을 반복하면서 힘든 생활을 이어갔다. 남편은 매일 먹는 약이 많아지고 몸도 점점 예민해지자 자주 화를 내기 시작했다. 나도 내 인생에서 가장 힘든 시절을 보내고 있었기에 남편을 이해하기 어려웠다. 점점 일이 바빠지고 할 일이 많아지면서 남편에 대한 원망도 커져갔다. 그래서 주어진 일을 하면서 서로의 마음을 외면한 채 세월이 흘렀다. 결혼생활이 행복하지 않았다. 다만 죽을 고비를 넘길 때마다 아이들 아빠가 살아 있다는 것 자체로 감사하며 살았다.

사실은 남편이 훨씬 더 힘들고 외로웠을 거라는 생각은 세월이 한참 흐른 후에 깨닫게 되었다. '내가 사람에 대한 이해를 하기 위해 그토록 고뇌하지 않았더라면 우리 가정이 온전했을까?' 하는 생각을 가끔씩 한다. 나는 힘이 들 때마다 더욱 옹졸해져서 남편을 외면했다. 그냥 너무 바쁘다는 핑계로 나를 합리화했던 것 같다.

그런데 영업 일을 하면 할수록 사람에 대한 이해의 폭이 넓어지고, 스스로 성숙해져가는 듯했다. 그러다가 드디어 나는 영업의 본질을 심리학적으로 깊이 깨닫고, 남편을 진심으로 이해하려는 노력을 시작하게 되었다. 남편의 관점에서 인생을 들여다보게 되니, 나의 옹졸함이 보이기 시작했고 미안했다. 모두 나의 잘못이라는 걸 깨닫자, 남편에게 존중하는 태도가 나오고 다시 사랑이 싹트기 시작했다. 신기한 것은 나의 태도가 달라지자 절대로 변하지 않을 것 같았던 남편의 태도도 달라지기 시작한 것이었다. 결혼생활 다시 행복해졌다. 올해로 26주년에 접어든 결혼생활을 되돌아보니 문득 모든 시련을 함께 극복하고 서로의 잘못을 용서하며 남편과 함께 늙어 간다는 자체가 행복이란 생각이 든다.

우리 가족의 행복을 위해 시작한 영업이었다. 영업의 본질이 '사람을 진심으로 돕는 일'이란 사실을 깨닫고, 가족 한 사람 한 사람에 대한 이해의 폭이 넓어지면서 진심으로 사랑하고 배려하는 법도 배울 수 있었다. 그 능력으로 내 소중한 가정을 지켜낼 수 있었다. 앞으

로도 행복한 가족이 되기 위해 어떤 노력을 해야 할지 이제 나는 잘
알고 있다.

이것은 영업의 본질을 깨달은 나에게 영업이 준 멋진 보상이다.

핵심 포인트

1 | 영업의 본질은 '사람을 진심으로 돕는 일'이다.

2 | 고객이 진짜 원하는 것을 날카롭게 찾아서,
그것을 성취할 수 있도록 마음을 움직이는
해결책을 제시해야 한다.

3 | 영업의 본질에 충실하라.
그러면 반드시 성공한다.

4 | 행복한 가족이 되려면 영업의 본질을 실천하라.

3

절대로 넘어지지 않는
삶의 내공이 생긴다.

"끈기 있게 확신을 가지고 추진하면
이미 닥친 어려움은 견딜 것이요,
다가오는 어려움은 절로 물러날 것이다."

— 제레미 콜리어

삶의 내공은 시련을 경험한 만큼 쌓인다.

결혼을 하고 부모님에게 맏이로서의 역할을 하면서 두 아이를 양육하고 일에 몰두하는 것은 힘든 일이었다. 정신없이 바쁜 날의 연속이었다. 할 수 있는 일은 잠자는 시간을 아껴서라도 시간을 소중히 쪼개서 쓰는 것이었다. 그래도 매일 해야 할 일들이 쏟아졌다. 쉰의 나이에 이만큼 삶의 내공이 생긴 것은 바로 이 때문이라고 생각한다. 매일 쏟아지는 많은 일들이 나를 성장시킨 것이다 .

처음 영업을 시작할 때는 영업의 방법을 몰라서 일이 어려웠기 때문에 오히려 상대적으로 몸으로 부딪치는 집안일이 쉬웠다. 아이들 육아나 제사를 모시는 일조차 노동으로 느껴지지 않을 만큼 내게 편안한 일이었다. 반복적으로 하니까 잘할 수 있었던 것이다. 그에 비해 처음 하는 영업은 어려운 일이었다. 내성적이면서 자존심이 강했던 내가 낯선 사람들에게 직접 찾아가서 내 얘기를 들어 보라며 권유해야 한다는 사실이 정말 두려웠다. 그러나 큰 아들과 작은 골방에서 2년간 고생해서 마련한 돈으로 겨우 학원 하나를 차렸는데, 내가 영업을 하지 않아서 실패할 수는 없었다. 무조건 해야 하는 일이었다. 그때부터 나의 단점을 극복하기 위해 핵심 전략을 세웠다. 그래서 나는 상대방의 입장에서 도움이 되는 방법을 택했다.

"안녕하세요? 큰솔학원 원장입니다. 자녀 있으시죠? 아이들 학습 능력이 얼마나 되는지 진단 테스트를 한번 받아 보세요. 제가 직접 무료로 해드릴게요. 지금 하셔도 되고, 약속을 잡아서 다음에 하셔도 됩니다."

이런 스크립트를 써서 단어 하나에 세밀하게 신경 쓰며 연습했다. 별거 아닌 스크립트라 생각할 수도 있지만 나에게 맞는 전략이 모두 들어있었다. 일을 시작하기 전 우선 나에게 두 가지 질문을 던졌는데 첫 번째는 '상대에게 진짜 도움이 되는가?'이고, 두 번째는 '나는 신뢰할 수 있는 사람인가?'였다. 내 정직한 답변은 '그렇다'였다. 스스로 고개를 끄덕일 정도로 준비되자 거울 앞에서 웃으면서 온몸으로 표현하기도 하고 목이 쉬어라 크게 연습하기도 했다. 그럼에도 막상 초인종을 누르려고 하면 가슴이 쿵쾅거려 어디론가 도망가고 싶을 때가 많았다.

하지만 영업은 항상 현장에서 빠른 응답을 준다. 어느 날 용기 내어 아파트 초인종을 눌렀는데 몸집이 큰 학모가 문을 열었다. 마침 초등학생 남자아이가 거실에서 숙제를 하고 있는 모습도 엿보였다. 학모는 즉석에서 테스트에 응하고, 학원 프로그램을 설명하고 나니 매우 만족해하면서 학원 등록을 하는 것이었다. 이것이 내가 처음 방문 영업을 통해 성공한 사례. 나는 말로 표현할 수 없을 만큼 기분이 좋았고 자신감이 생겼다. 영업은 이것이 전부다. 머리로만 계속 생각해 봐야 답을 찾을 수가 없다. 자신만이 할 수 있는 핵심전략을 가지고, 연습하고, 현장에 나가는 것이 정답이다.

그때부터였다. 나는 매사에 자신감 있게 행동했다. 왜냐하면 영업형태가 동일하면 성공한 행동을 반복하기만 하면 또 성공할 확률이 높기 때문이다. 내가 정장차림으로 웃으며 연습한 내용을 차분히 설명할 때, 대부분의 학모들은 관심 있어 한다는 사실을 알았다. 나는 하면 할수록 성과가 나타나는 영업의 매력에 빠지기 시작했다. 영업 방법이 맞아떨어지면서 발로 뛰는 만큼 성과가 나타나는 점도 놀라웠다. 내성적인 성격에서 적극적이고 활동적인 성격으로도 바뀌어 가고 있었다.

영업이 더 이상 어려운 일이 아니었다. 일을 하면서 평일에 제사를 모시는 나를 보며 사람들은 대단하게 생각하거나 의아하게 생각한다. 나는 이제 잘할 수 있는 일이 두 개다. 영업과 집안 일 모두 잘할 수 있는 일로 입력된 것이다. 그럼에도 인생에는 절대 해결할 수 없는 사건들이 종종 찾아온다.

그날은 내 인생에서 결코 잊지 못할 날이었고, 내가 새로운 다짐을 하는 계기가 되었다. 2001년 2월, 아직 추운 날이었다. 밤 10시가 넘어서 집에 들어왔는데 남편은 병원에 있었고, 두 아들은 냉기가 가득한 방안에 누워 있었다. 6살 된 작은 아들이 나에게 매달리며 "엄마, 나 낮에 형이랑 울었어." 라고 말했다. 가만 들여다보니 두 아들 모두 차가운 냉기가 도는 방안에서 한참을 운 듯한 얼굴이었다. "왜? 우리 강아지?" 내가 작은 아들을 번쩍 들어 올리자 기다렸다는 듯 신이 나서 낮에 있었던 일을 이야기 했다. "유치원 마치고 집에 들어가려고 하는데… 문 앞에 차가 있어서 형이랑 저녁이 될 때까지 집에 못 들어갔다 말이야."

"에구 그래서?" 내 눈을 동그랗게 뜨고 묻자, "근데 차 주인이 오길래 내가 '아저씨! 우리 집 문 앞인데 아저씨 차 때문에 못 들어갔잖아요.' 하니까 그 아저씨가 나한테 뭐라 했는지 알아?"

"뭐라 했는데?"

"우리 집이 창고인줄 알았대. 그러곤 미안하다는 말도 안하고 그냥 가버렸어!"

아이들 말에 너무 기가 막혀 두 아들의 얼굴을 보니, 아직도 서러운지 둘 다 빨간 눈에 또 눈물이 가득 고여 있었다. 10살 난 큰 아들은 말로 표현하기 어려운 표정을 지었다. 두 아들은 깊은 상처를 입은 듯 했다. 이날 나는 심한 충격을 받았다. 두 아들의 슬픈 눈빛으로 평생 잊을 수가 없다. 그날 나는 다시는 부모로서 가난 때문에 자식들이 멸시당하지 않게 하리라고 다짐했었다.

삶의 내공이 생기면 무슨 일이든 바닥에서부터 다시 시작할 수 있다.

양가 어른들에게 큰 질병이 왔을 때, 남편이 내 앞에서 수시로 쓰러졌을 때, 119 구급대를 불러 죽을 고비를 여러 차례 넘기면서 병원 생활을 해야 했을 때, 그 당시는 정말 어두운 터널을 끝없이 걷는 것처럼 힘들었었다. 그런데 아무리 노력해도 해결이 안 되는 일들을 겪다 보니, 나도 모르게 내가 할 수 있는 일에는 아주 감사해 하며 일하는 습관이 생겼다. 그 후로 더욱 열심히 일했고, 당연히 성과도 좋았다. 무슨 일이든 내가 할 수 있는 일이라면 감사히 했다. 또 내가 아무리 노력해도 해결할 수 없는 일에는 마음을 비우고 기도를 하면서 위안을 얻었다.

처음에는 어렵게 느껴지던 영업 일이 쉬워지자 나는 더 많은 일을 해낼 수 있게 되었다. 많은 시련들로 인해 어떤 일에도 긍정적인 돌파구를 만들어 해결하는 능력이 생긴 것이다. 나는 바닥에서 시작했기 때문에 다시 바닥으로 떨어져도 또 다시 할 수 있다는 믿음과 힘이 있는 것이다. 영업 경영자가 되자 나는 영업을 더 잘하기 위해서 늘 공부를 했다. 항상 새벽 4시 반에 일어나서 사람들에게 도움을 주기 위해 기도하고, 책을 보며, 계속 변화하고 성장했다. 영업은 항상 머물러 있지 않게 하고 또 다른 성장을 꿈꾸게 한다. 삶의 내공은 시련의 경험만큼 쌓을 수 있는 것 같다. 삶의 시련을 피하지 말고 경험하면 절대로 넘어지지 않는 삶의 내공이 생기는 것이다.

핵심 포인트

1 삶의 내공은 시련을 경험한 만큼 쌓인다.

2 모든 일을 긍정적으로 해결하려는 노력이 반복되면
삶의 내공이 생긴다.

3 영업은 항상 머물러 있지 않게 하고
또 다른 성장을 꿈꾸게 한다.

4 삶의 내공이 생기면 무슨 일이든
바닥에서 다시 시작할 수 있다.

4

영업으로 꿈을 이루다.

"오랫동안 꿈을 그리는 사람은
마침내 그 꿈을 닮아간다."

– 앙드레 말로

나의 꿈은 무엇인가?

누구나 꿈을 꾸던 시절이 있었을 텐데, 현실에 부딪혀 살아가다보니 어느새 꿈은 잊은 채 살아가는 어른이 되었다. 아니 꿈을 잊은 것만이 아니라 내가 어떤 사람이며, 내가 무엇을 좋아하는 사람인지도 잊고 바쁘게 살아가고 있을 것이다.

어느 가을 날, 마흔을 곧 앞둔 나는 여느 날처럼 하루 일과를 마치고 자가용에 몸을 실었다. 시동을 걸자 라디오에서 모차르트 교향곡이 흘러 나왔다. 갑자기 세상이 멈춘 듯 가슴이 먹먹해지고 눈물이 났다. 너무 행복해서 눈물이 났고, 이런 음악을 좋아했던 내가 기억나 애틋해서 눈물이 났다. 음악이 나를 이토록 행복하게 할 줄 몰랐다.

사느라 정신이 없어서 내가 무엇을 좋아하는 사람이었는지 까마득히 잊고 살았다. 20대 초반부터 일을 하면서 열심히 하면 마흔 살이 되어서는 모든 걸 이루고 살 줄 알았다. 그러나 곧 마흔이 되는 데도 나는 여전히 일하느라 정신이 없었고, 언제까지 이렇게 열심히만 살아야 하는지 답답했다. 영업으로 인해 많은 소득이 있었지만 부양해야 할 가족이 많아서 지출을 감당하기 어려울 때도 많았다. 좀 더 빨리 안정된 생활을 하고 싶었다. 돌아보면 영업으로 집을 마련하기도 했고, 아이들도 별 탈 없이 잘 커가고 있었지만 내 몸은 점점 지쳐가고 있었다.

영업은 꿈을 꾸게 하고, 그것을 실현하도록 돕는다.

더 늦기 전에 내가 좋아하는 것을 찾고, 그것을 마음껏 하면서 꿈꾸던 인생을 살고 싶었다. 그러려면 좀 더 소득이 높은 영업을 해야 한다고 생각했다. 그 당시 나는 자신감도 붙었고, 영업의 본질에 대해서도 깨달았기 때문에 어떤 도전도 과감히 할 수 있었다. 그래서 사회적 인식이 좋지 않았지만, 보험 영업에 도전했다. 어려운 만큼 충분한 보상이 따르는 것이라 생각했다. 보험 영업 역시 초반부터 성공하는 것이 가장 중요하다는 생각에 나에게 맞는 시장과 영업 방법을 충분히 고민했다. 절실하고 뚜렷한 목표가 이미 설정되어 있었다. 또한 그 목표를 2년 만에 이루는 것이 내 꿈이었다. 그래서 나는 많은 소득을 창출하기 위해 처음부터 법인영업이라는 전략을 세웠다.

우선 법인 시장에 대해 파악한 후 어떻게 시장을 확보할 것인가에 대한 계획을 세우고, 어떤 방법으로 대표들에게 제안할 것인지에 대한 구체적이고 치밀한 전략을 세웠다. 그 전략에 관해서는 뒤에서 상세히 설명하겠다. 법인 대표들이 직접 제안을 받으면 미팅을 가질 수밖에 없는 전략이었기 때문에, 개척 영업이었지만 처음부터 성공적으로 계약이 이루어졌다. 그에 따른 성취감이나 보상은 말로 표현하기 어려울 정도로 컸다. 법인 계약을 성사시키면 좋은 점이 있는데, 그 회사 직원들을 대상으로 세미나도 할 수 있고, 파생적인 영업 활동도 펼칠 수 있기 때문에 계속 큰 성과가 따라온다. 영업을 시작한지 5개월 만에 월납보험료 일천 만원의 계약을 성공시켰다. 이어서 다음 달에도 이미 가진 경험을 바탕으로 더 구체적인 전략을 만들어서 월납보험료 일천 만원의 계약을 성공할 수 있었다. 그에 따른 보상 역시 그동안 경험해보지 못한 것이었다.

보험 영업을 시작하면서 2년의 뚜렷한 목표를 세우고 꿈의 목록도 만들었다. 그걸 보니 꿈을 이루고 싶다는 생각이 더욱 간절해졌다. 초반부터 나에게 맞는 영업방법을 찾은 나는 치밀하게 준비해서 주말도 없이 집중적으로 일했다. 그 결과 일찍부터 꿈 리스트들이 하나씩 이루어지기 시작했다. 영업 6개월 만에 목표했던 고급 승용차를 사서 첫 번째 꿈을 이뤘다. 이어서 영업 12개월 차엔 좋은 자리의 커피전문점을 동생에게 맡겨서 운영할 수 있었다. 그곳에서 동생은 꿈꾸던 그림을 그릴 수 있었고, 나는 그 장소를 고객들과의 상담 장소로 활용할 수 있었다. 두 번째 소망했던 꿈이었다.

세 번째 꿈은 어릴 때부터 내가 무엇을 하고 싶었는지에 대한 고민을 하다가 찾아내었다. 바로 키다리 아저씨처럼 돈에 꿈과 사랑을 담아서 남을 도울 수 있는 가치 있는 일을 하고 싶었다. 그래서 결식아동들이 많은 초등학교를 찾아 매달 기부를 하기 시작했다. 첫 달 나의 뜻과 기부금을 전달하는데 교감 선생님께서 진심으로 고맙다고 인사를 하셨다. 그때의 감동과 기쁨을 잊을 수 없다. 어릴 적부터 막연한 꿈으로만 존재했던 것을 현실로 이루어낸 기쁨을 다른 무엇과도 비교할 수 없었다. 세 번째 꿈이 이루어졌다.

네 번째 꿈은 목표했던 2년이 다 되어서 이루어졌다. 마당이 넓은 전원주택으로 온 가족이 함께 살 수 있는 큰 집을 가지는 게 꿈이었다. 도심 한가운데 공기 좋고 경치도 멋진 곳에, 내가 가장 원했던 곳에 백 평이 넘는 전원주택을 기적적으로 사게 되었다. 죽을 만큼 열심히 했던 것도 사실이지만, 그동안 상상도 하지 못했던 꿈들이 목표한 대로 모두 이루어지는 것이 믿기 어려웠다. 이처럼 영업은 많은 불가능한 것들을 가능하게 했다. 절실하고 뚜렷한 목표가 있고, 그에 맞는 방법과 전략을 세우고, 반드시 이룰 수 있다는 확신만 있다면 꿈을 이룰 수 있다. 애초에는 2년 동안 소득을 올리면서 꿈을 이루고 나면 또 다른 내 사업을 시작하고 싶었지만 나는 이미 영업의 매력에 푹 빠져버렸다. 다른 사업을 하는 것보다 조직 속에서 사람들이 영업하는 것을 돕는 것으로 꿈이 바뀌었다. 나는 관리직으로 승진해 외자계 지점장으로서 더 열정을 다해 영업을 경험하고 배울 수 있게 되었다.

다섯 번째 꿈은 모든 엄마들의 소망인 자녀들을 잘 키우는 것이었다. 아이들이 원하는 것을 하며 행복하게 살아가는 것을 지켜보는 것 말이다. 나는 아이들에게 내 고객 역할을 맡기고는 스크립트를 가지고 '당신의 꿈이 무엇입니까?' 또 '당신은 어떻게 하면 행복해질까요?'라는 질문을 매일 던졌다. 그렇게 자란 두 아들은 자신의 꿈이 무엇인지, 자신이 무엇을 하면 가장 행복하게 살 수 있는지를 스스로에게 질문하면서 청소년기를 보낼 수 있었다. 늘 일하느라 바쁜 엄마였지만, 이런 부분은 분명히 아이들에게 자극을 주었다. 늘 자신의 꿈이 무엇인지에 대해 고민하며 성장한 두 아들 중 큰 아들은 본인의 희망대로 젊은 청춘들에게 꿈과 희망을 주기 위해 경영자의 꿈을 이루어가고 있다. 부모의 도움 없이 자신의 노력으로 바닥부터 스스로 헤쳐 나가고 있는 것이다. 작은 아들은 좋은 작품으로 많은 사람들에게 자신이 전하고 싶은 메시지를 전하기 위해 극본과 소설을 쓰며 연극을 하는 창작활동을 하고 있다. 학창시절 책이라면 표지만 봐도 잠이 들던 아이가 요즘은 밤새워 책을 읽고 글을 쓰는 걸 보면 놀랍기 짝이 없다. 또 한 번은 시내 한복판에서 많은 사람들에게 둘러싸여 공연하는 모습을 보면서, 어디서 저런 용기가 나는지 의아하기도 했다. 힘들어 할 때는 '젊은 나이에 저렇게 열심히 하지 않아도 될 텐데…'라는 생각이 들기도 하지만 두 아들은 열정적인 삶을 살아가고 있다.

물론 앞으로 살아가면서 더 많은 힘든 일들과 부딪히고 좌절도 하겠지만 이미 열정의 맛을 본 두 아들은 극복하는 방법 또한 알 것이라고 믿는다. 두 아들이 자신이 원하는 대로 꿈을 꾸며 그것을 이루기 위해 열심히 살아가는 모습을 엄마로서 지켜볼 수 있어서 감사할 따름이다. 이것이 다섯 번째 꿈이었다.

영업은 노력한 만큼 이루어지는 정직한 일이다.

　요즘 직장 생활을 하면서 꿈을 꾸거나 그것을 이루는 것은 현실적으로 매우 어렵다. 이 사실에는 모두 공감할 것이다. 하지만 영업은 처음에는 힘들지만 용기를 내서 도전하고 열정적으로 행동하면 꿈을 꿀 수도, 그 꿈을 실현할 수도 있다는 사실을 나는 26년간 수없이 체험하고 보아왔다. 그만큼 영업은 노력한 만큼 이루어지는 정직한 일임에 틀림없다. 내가 만약 영업을 선택하지 않았더라면 일반 직장인이었더라면 감히 상상하지도 못할 꿈들을 나는 영업을 통해 이루었다. 분명히 영업이었기 때문에 가능한 것이었다. 더 놀라울 것은 현재 내 나이가 쉰이 넘어가는데도, 여전히 이루고 싶은 꿈이 많다는 것이다. 내가 앞으로 건강하기만 하면 '모든 것을 마음먹은 대로 다 이룰 수 있다'는 믿음으로 하루하루 열심히 살아간다면 그 꿈들도 이루어질 것이다. 잠시 멈추고 생각해보라!

　'지금 내 안에 꿈이 있는가?'

핵심 포인트

1 영업은 꿈을 꾸게 하고, 그 꿈을 실현하도록 돕는다.

2 영업은 반드시 노력한 만큼 이루어지는
정직한 일이다.

3 잠시 멈추고 생각하라! 지금 내 안에 꿈이 있는가?

4 나는 무엇을 좋아하는 사람인가?
그리고 어떻게 살고 싶은가?

5

나를 깨우다.

"우리는 모두 자신도 모르는
가능성을 가지고 있다."

– 데일리 카네기

영업은 나의 가치를 알게 해준다.

본격적인 영업을 시작하면서 완벽한 새벽형 인간이 되었다. 기상 시간이 4시 30분이었는데 항상 알람이 울기 전에 정확한 시간에 눈을 떴다. 하루가 시작되면 가장 먼저 마음의 평안을 위해 감사의 기도를 드린다. 그리고는 영업을 제대로 하기 위해 공부를 시작한다. 사람과 대면해야 하는 일이기 때문에 내 안에 지식을 쌓지 않으면 안 된다고 판단했다. 학모를 만나는 영업일 때는 자녀 교육과 관련된 책들을 찾아 읽고 자료를 모아서 자녀와 학모에게 꼭 필요하고 도움이 되는 제안서를 만들었다.

아이디어가 가장 잘 떠오르는 시간이 새벽이었다. 그 당시에는 어디에도 없는 자료와 제안서를 독창적으로 만들어서 좋은 반응이 있었다. 또 대상이 법인대표들일 때는 관련된 업종들의 자료까지 살펴보고 더불어 신문 경제면도 꼼꼼히 살핀 후 실질적으로 도움이 되는 자료를 만들었다. 물론 모르는 분야가 많아서 힘들었다. 하지만 덕분에 성장할 수 있었다. 영업조직을 경영하면서부터는 공부해야 할 분량이 더욱 많아졌다. 내가 전달하는 지식의 영향력이 크다는 것을 잘 알고 있었고, 영업의 본질 또한 놓쳐서는 안 되었기 때문에 신경을 곤두세우고 일했다. 공부를 마치고 나서 현장에서 상담할 내용을 스크립트로 만들어 연습하는 것까지 항상 새벽에 준비했다. 이렇게 영업을 시작하고 20년 이상 매일 새벽 4시 반에 일어나 준비하는 생활을 유지하고 있다. 이 새벽 시간이 나의 의식을 깨우고 성장하는 데 큰 도움을 준 듯하다.

아침 출근 이후부터는 하루 종일 사람들을 만나 미팅을 한다. 영업 현장에서는 다양한 계층의 사람들을 만나서 상담을 진행한다. 더구나 나는 다양한 영업을 했었기 때문에 그동안 만나 상담한 사람들은 헤아릴 수 없을 정도로 많다. 처음 영업을 시작할 때 긴장한 나의 신경을 곤두 세웠던 사람들도 기억나고, 까칠한 학모였지만 결국 나의 키맨이 되어 준 고마운 사람도 기억나고, 무뚝뚝한 기업대표 앞에서 무지하게 떨었지만 결국 성공했던 영업도 생생하게 기억난다. 매일 수많은 사람들을 만나서 좋은 영향과 도움을 주는 일이 내 일이라고 생각했기에 가리지 않고 정말 열심히 사람들을 만났었다.

사람의 능력은 무한하다.

영업조직을 경영할 때는 매일 직원들을 대상으로 교육을 실시해야 했다. 같은 대상에게 매일 교육을 하기 위해서는 다양하면서 많은 양의 공부가 필요했다. 실로 엄청난 성실과 인내를 요하는 일이었다. 가끔 백 명 이상의 고객을 초청해서 강연을 해야 할 때도 있었다. 기업의 초청으로 수백 명 앞에서 세미나를 진행한 적도 많고, 기업인들 앞에서 세미나를 진행한 적도 많다.

처음으로 수많은 사람들 앞에서 강연을 해야 했을 때 얼마나 공포에 떨었는지 말로 다 표현할 수 없다. 학습지 영업에서 영업성과가 탁월하여 학습지 교사들을 대상으로 강연을 해달라는 요청을 받고 강연을 하면서 참 많이 떨렸었다. 그러나 내게 맞는 영업 방법이 있듯이 단체를 대상으로 한 전달 방법 역시 맞춤으로 준비하고 많은 연습을 거쳐 성공리에 마칠 수 있었다. 첫 강연을 마친 후 고맙다는 인사와 명함 요청에 얼떨떨하면서도 강연에 자신감을 얻을 수 있었다. 또 기업체 직원 삼백 명을 대상으로 세미나 초청을 받아 거의 일주일 이상 잠을 설치고 준비해서 만족할 만한 결과를 경험을 얻은 이후 강연가로서의 새로운 나를 발견할 수 있었다. 그 이후부터는 작은 규모이든 큰 규모이든 사람들 앞에 서서 강연을 하고, 기업 특강도 종종 나갈 수 있는 사람이 되었다. 예전의 내 모습을 안다면 정말 상상하기도 어려운 일이다. 그러나 나는 이미 달라져 있었다. 예전에 나는 절대 사람들 앞에 나서거나 먼저 얘기하지 않았다. 그러나 영업을 하고부터는 싫든 좋든 상관없이 매일 사람과 만나서 대화해야 했다. 사람들을 이해해야 했고, 그 사람에게 진심으로 도움을 주기 위해 애쓰고 준비해야 했다. 그러는 사이 나도 모르게 성장하고 변화되었다.

수많은 사람들 앞에서 강연을 하고 있는 내 모습은 낯설기도 하지만 한편 자랑스럽기도 하다. 이것이 얼마나 엄청나게 성장한 모습인지 내가 가장 잘 알기에 더욱 그렇다. '사람의 능력은 무한하다.'라는 말은 맞는 말이었고, 나는 영업을 통해 몰랐던 나의 가치를 알게 되었다.

하루 일과를 마치면 스스로 일일 마감을 했다. 전체 목표가 세워지면 그것을 세밀하게 나눈 월간목표와 주간목표 및 일일목표가 자연스럽게 생긴다. 꿈이 절실하고 뚜렷할수록 이룰 확률이 크다는 것을 잘 알기에 매일 하루를 마치며 꼼꼼히 하루 목표를 마감했다. 만약 그날 못다 한 일들이 있으면 밤늦게라도 하거나 내일 일에 추가해서 반드시 목표달성을 하려고 노력했다. 매일 매일 이러한 노력들이 쌓이면 영업에 있어서 월 마감 목표는 어렵지 않게 달성할 수 있다. 영업은 반복적으로 하는 행동, 즉 좋은 습관을 만드는 것에서 승부가 갈린다. 사실 영업은 끊임없는 마감의 연속이다. 월 마감이 끝나면 또 다시 처음부터 시작되고, 분기 마감과 반기 마감, 연 마감이 이어서 온다. 그렇기 때문에 영업은 목표수치에서 민감할 수밖에 없고, 그것을 중요하게 생각하는 사람은 늘 깨어있을 수 있다.

영업인으로 늘 깨어 있으면 반드시 성공한다.

영업을 하다보면 많이 안다고 잘 할 수 있는 일이 아님을 알게 된다. 사람 사이에서 일어나는 일이기 때문에 사람에 대한 이해의 폭이 넓어져야 하며, 긍정적으로 생각할 줄 알아야 한다. 용서와 사랑이 아니면 해결할 수 없는 일들이 너무나 많이 벌어진다. 그래서 나는 늘 정신과 마음을 수양하기 위해 노력했다. 성공한 사람들을 만나서 긍정적인 사고를 가지려고 노력했으며, 자연과 더불어 산책하는 일을 즐기고, 좋은 책을 찾아서 항상 곁에 두고, 좋은 영상과 좋은 강의가 있으면 스스로 찾아다녔다.

영업은 나 스스로 변화하며 성장해야 한다. 영업의 본질이 '사람을 진심으로 돕는 일'이므로 영업자의 마음이 성장해야만 성공할 수 있다. 내가 영업을 하지 않았더라면 새벽부터 일어나서 간절하게 기도드리고 공부했을까? 그리고 그 많은 책들을 읽을 수 있었을까? 내 직업이 영업이 아니었다면 나를 성장시키기 위한 노력을 이렇게까지 하지 못했을 것이다.

핵심 포인트

1   영업은 나의 가치를 알게 해준다.

2   영업은 지식과 더불어 마음도 성장해야한다.

3   사람의 능력은 무한하다.
            그 능력을 영업으로 깨울 수 있다.

4   성공하려면 새벽형 인간이 되어라!

5   성공하기 위해서는 스스로 변화해야 하므로
            늘 깨어있어야 한다.

사람들이 무심코 넘어가는 부분에서
자신만의 차별화된 방법을 찾아낼 때
비로소 영업비법이 완성된다.
이 장은 그러한 영업비법이 제시되어 있다.

2장

///////////////////////

영업의 첫 시작을
이렇게 하라

BUSINESS

1

뚜렷한 목표를 세워라.

"인생에서 목표가 있어야만 앞으로 나아갈 수 있고
확신하고 믿을 때만 승리하게 된다."

– 오리슨 스위트 마든

영업은 뚜렷한 목표 설정에서 시작한다.

'영업을 성공하는데 가장 중요한 것이 무엇인가?'

바로 '뚜렷한 목표를 세우는 것'이다. 달성해도 그만, 안 해도 그만인 목표가 아니라 절대적으로 달성해야만 하는 목표여야 한다. 마라톤 선수가 인내하면서 계속 달리는 이유가 42.195km라는 목표가 있기 때문이다. 마찬가지로 영업에서도 포기하지 않고 끝까지 달릴 수 있는 목표가 중요하다. 나 역시 영업을 하면서 뚜렷한 목표가 있을 때와 없을 때가 확연히 달랐다. 목표가 막연하면 몸은 편하지만, 마음이 불안하고 열정을 가지기 힘들었다. 그러나 뚜렷한 목표가 설정되어 있으면 바쁘더라도 성취율과 성취감이 남달랐다. 이것이 바로 성공의 핵심이다. 처음으로 '우리 집 마련'이라는 뚜렷한 목표를 세우고 결심하자 그것을 달성할 수 있는 핵심전략에만 집중할 수 있었다. 그 결과 목표를 세운지 11개월 만에 집을 장만할 수 있었다. 그후로 뚜렷한 목표를 세우는 것이 얼마나 중요한지를 깨달았고, 영업을 시작할 때는 무조건, 습관적으로 뚜렷한 목표부터 세운다.

목표설정을 단계적으로 하라.

절실하고 뚜렷한 목표를 설정하기 위해서 단계적인 7가지 실천사항을 제시하겠다.

첫 번째, 먼저 자아를 찾아라. 그 후에 성공가능성이 있는 뚜렷한 목표를 설정하라. 요즘 대부분의 사람들은 삶의 방향이 어디로 흘러가는지도 모를 만큼 바쁘게 살아가고 있다. 그래서 '어떻게 살고 싶은가?'에 대한 물음을 던지거나 자기 자신을 되돌아 볼 여유가 없다. 그러나 마음이 복잡하거나 바쁘면 올바른 목표설정을 할 수 없다. 그러므로 목표설정 전에 자기 자신을 정확하게 이해하고 잘 판단할 수 있도록 자아를 찾는 시간을 가지는 것이 좋다. 나는 영업을 시작한 이후 힘이 들 때마다 산책, 여행, 독서나 글쓰기 등으로 나만의 시간을 가지며 자아를 찾는데 노력했다. 자아 찾기는 긍정적인 생각이 들도록 만든다. 자아를 찾는 데는 다른 여러 가지 방법이 있겠지만 무엇을 하든 반드시 혼자만의 시간을 가져야 자아를 찾을 수 있다. 그 시간에 자기 내면의 소리를 들어야 한다.

'어떤 인생을 살고 싶은가?'라는 질문을 던지고 큰 그림을 그려라. 그렇게 살기 위해 현재 중요하게 이루어야 할 것들은 무엇인지를 생각해야 한다. 또 나는 어떤 사람이며, 무엇을 좋아하는지, 어떤 일에 가치를 느끼는 사람인지를 생각해 보아야 한다. 무엇을 절실히 원하는지에 대한 확신이 선다면 그것으로 목표설정을 하면 될 것이다.

두 번째, 설정한 목표에 대해서 '결심'하라. 지금까지 자신의 모습에게 벗어나 다른 삶을 살아 보기로 결정하고, 용기를 내어 도전해보는 것이 바로 '결심'이다. 결심은 현재보다 나은 모습으로 성장하기 위해서 반드시 필요한 과정이다. 현재의 삶은 지금까지 한 행동들이 결과다. 앞으로 펼쳐질 미래의 삶이 지금과 다르길 원한다면 지금 결심한 일을 행동에 옮겨야 한다. 그래야 결과가 달라질 것이다. 내가 지금 어떤 결심을 하고, 어떻게 행동하느냐에 따라 나의 미래가 달라지는 것이다. 뚜렷하고 절실한 목표를 세워서 반드시 달성하겠다고 결심을 하면 우리 몸속에 담겨져 있는 잠재력을 일깨울 수 있다. 모든 사람은 본능적으로 변화를 두려워하기 때문에 목표를 이루기 위해 도전한 일을 반드시 해내고 말겠다는 결심이 필요하다. 기필코 해내야 할 이유만을 생각하고, 그것을 달성한 뒤의 자기 모습을 그릴 수 있어야 한다. 만약 그것이 가치 있는 일이라면 더욱 강력한 동기부여가 될 것이다.

세 번째, 뚜렷한 목표를 명확하고 구체적인 글로 작성하라. 달성 기간과 양 또한 명확하게 적어야 한다. 그것을 매일 아침, 저녁으로 소리 내어 읽으며, 매 순간 가슴에 담고 달성될 때까지 외쳐야 한다. 이것은 목표를 위해 도전한 일을 행동으로 옮기게 만드는 중요한 실천사항이다. 목표가 중요하다는 사실은 익히 들어 알고 있을 것이고, 목표를 세우는 것까지도 할 수 있겠지만, 그것을 명확하고 구체적으로 글로 쓰고 매일 외치는 사람은 그리 많지 않다. '기부왕 폴 마이어의 좋은 습관 24가지'에서는 뚜렷한 목표의 중요성을 이렇게 강조했다. '3%의 사람만이 목표를 글로 써놓고 꿈을 이루고자 노력한다. 10%는 목표를 세우지만 글로 쓰지 않고, 60%는 소소하고 단기적인

목표만 가지고 있으며 나머지 27%는 목표를 세우지 않는다.'

분명히 기억하라! 여기에 성공과 실패의 차이가 있다. 예를 들어 집을 장만하는 것이 목표가 된다면 언제까지 얼마의 돈을 벌어서 무슨 동네에 몇 평의 아파트를 살 것인가를 명확하게 기재해야 한다. 그리고 그것을 매일 외치고 다짐하면 정확하게 목표를 달성할 수 있다.

네 번째, 목표 달성의 방해요소를 찾아내어서 해결하라. 방해요소라고 하면 예를 들어 지금까지 살아온 게으른 습관이나 변화하기 싫어하는 막연한 두려움 등이다. 혹은 어떤 사람이나 상황에 의해서 생기는 방해요소가 있을 수 있다. 그럼에도 목표 달성을 하려면 가장 중요한 태도가 긍정적인 마음이다. 어떤 의심도 하지 않고 달성할 수 있다는 믿음을 가져야 한다.

다양한 영업 중 보험 영업이 방해요소가 가장 많았다. 사회적 인식이 가장 해결하기 어려웠다. 가까운 사람들조차 부정적인 인식을 갖고 있었다. 방해요소는 어떻게든 빠르게 해결해야 한다. 빨리 내편을 만들든지, 아니면 고객 대상에서 제외시키는 것이다. 그렇게 가능한 성공들을 거듭하다 보면 어느새 자연스럽게 방해요소가 사라질 수 있다. 물론 그렇지 않은 경우도 있다. 예측하지 못한 방해요소는 불안감을 만들고, 이는 부정적인 생각으로 이어져 행동을 가로막는 결과를 초래하기도 한다. 그래서 목표를 달성하려면 방해요소를 구체적으로 찾아내는 것이 중요하다. 그것을 인식하고 해결하려는 노력을 반드시 해야 한다.

다섯 번째, 협력자를 확보하라. 어떤 일이든 혼자서 할 수 있는 일은 없다. 누군가가 협력자가 되어서 서로 의지하며 도움을 주고받을 때 일도 잘 되고 기쁨도 커진다. 특히 영업은 협력자가 없으면 자칫 외로운 직업이 될 수 있다. 나는 처음부터 자녀를 협력자로 세웠고, 점점 가족과 고객 순으로 협력자를 확대해 나갔다. 가족이나 친구, 또는 직장에서나 모임에서 나를 도와줄 사람들을 찾을 수 있겠지만, 나아가 어떤 분야에서 성공한 사람을 협력자로 둔다면 더 많은 도움을 받을 수 있을 것이다. 그 고마움은 성공해서 다른 사람에게 갚으면 된다.

여섯 번째, 목표 달성을 위해서 기간별로 목표를 세분화하라. 세분화시키는 방법은 달성해야 할 기간을 전체로 보고, 1년을 단기 목표 기간으로 설정한 후 반기별, 분기별, 목표 설정을 하는 것이다. 더 세분화해서 월별, 주별, 일일목표까지 구체적으로 세분화하는 것이 매우 중요하다. 왜냐하면 큰 목표를 달성하려면 많은 시간이 걸리기 때문에 목표를 세분화시켜 짧은 시간 내에 달성해야 할 목표를 가지는 것이 좋다. 그러면 작은 성공을 거듭할 수 있다. 성공의 습관은 영업을 처음 하는 사람에게 매우 중요하다. 하루하루 목표 달성을 해나가면서 작은 성취감들을 쌓아 자신감을 길러라. 성공인자가 내 몸에 새겨질 것이다.

일곱 번째, 끝까지 포기하지 않겠다고 다짐하라!

뚜렷한 목표를 설정하고 얼마나 이 목표를 절박하게 이루고 싶은지에 대한 초심을 한시도 잊지 마라. 힘이 들어서 포기하고 싶은 순간은 누구에게나 온다. 그럴 때마다 당신이 이루려고 발버둥 쳤던 위의 실천사항을 다시 상기하라.

작은 성공은 더 큰 성공을 부른다.

위의 실천사항 일곱 가지를 다시 읽어보고 뚜렷한 목표 설정을 하라. 이것이 성공의 지름길이다. 설정한 목표를 외치며 오늘 해야할 일 역시 매일 외쳐라. 그러다 보면 열정이 생기고 행동할 수 있는 자신감도 생긴다. 절대로 포기하지 않겠다는 마음가짐이 중요하다. 성공하기 위해서는 반드시 충분한 대가를 치러야 하기 때문에 어떤 어려움이 닥쳐도 그것을 목표 달성을 위한 대가라고 생각하고 포기하지 절대 말아라. '작은 성공은 더 큰 성공을 부른다.' 매일 작은 목표부터 달성하는 습관을 가지고, 그 힘으로 걸어가다 보면 뚜렷한 목표는 분명히 달성 되어 있을 것이다.

핵심 포인트

1 먼저 자아를 찾고,
성공가능성이 있는 뚜렷한 목표를 설정하라.

2 설정한 목표에 대해서 결심하라.

3 뚜렷한 목표를 명확하고 구체적인 글로 작성하라.

4 목표를 달성하는 데 방해요소를 찾아내어 해결하라.

5 도와줄 협력자를 확보하라

6 목표 달성을 위해서 기간별로 목표를 세분화하라.

7 끝까지 포기 하지 않겠다고 다짐하라!

2

미션을 세우고 외쳐라.

"우리가 잠재의식 속에서 계획하고,
반복적으로 마음에 절실하게 품었던 것은 언젠가 현실이 된다."

– 얼 나이팅게일

행동할 수 있는 강력한 원동력은 무엇인가?

뚜렷한 목표 설정을 마쳤으면 즉각적으로 행동에 옮겨라. 7가지 실천사항을 가지고 멋진 목표를 설정했더라도 행동으로 옮기지 않는다면 아무 소용없다. 발로 뛴 만큼 소득이 발생하는 일이 영업이기 때문에 즉각적인 행동이 따라 주어야 한다.

영업에는 불리한 내성적인 성향의 성격과 두려움이 있다면 행동하게 만드는 '특별한 장치'가 필요하다. 현장에 나가면 부딪치고 상처받을 일 천지기 때문이다. 그래서 매일 행동으로 옮기게 만드는 '나만의 미션'이 필요하다.

미션의 사전적 의미는 '임무나 과업'이다. 또 자동차 기계에서의 미션은 '각종 원동기에서 회전축의 회전속도나 회전력을 바꿔주는 장치'라는 의미다. 이렇듯 특별한 행동을 할 수 있도록 돕는 어떤 원동력이 바로 미션인 것이다. 다음 질문에 속으로 대답해 보라.

'지금까지 살아온 행동패턴을 바꾸려면 어떤 강력한 장치가 필요하지 않겠는가?'

그렇다. 영업할 때 자신만의 미션은 반드시 필요한 것이다.

가슴을 뛰게 하는 미션을 세워라.

그러면 어떻게 나만의 미션은 세우면 효과적일까?

다음 질문에 초점을 두고 미션을 세워라.

'어떻게 하면 영업의 성과를 올릴 수 있는가?'

이 질문은 행동유발과 성과를 동시에 기대할 수 있는 미션을 세우게 만든다.

실제 학습지 영업을 할 때 다음과 같이 미션을 세워서 전국 1등이라는 큰 효과를 보았다.

❶ 나는 아이들에게 올바른 교육을 하는 사람이다.

❷ 올바른 교육은 일대일 맞춤교육이다.

❸ 나는 학모들에게 꼭 필요한 교육 정보로 도움을 준다.

❹ 나는 오늘도 더 많은 아이들에게 학습할 기회를 준다.

❺ 아이들의 미래가 나에게 달려 있다.

첫 번째 미션은 교육인으로서 아이들에게 올바른 교육을 하기 위해서 나 스스로 교육자의 자질을 잘 갖추겠다는 맹세다. 두 번째 미션은 학습지 영업의 장점이다. 더구나 아이들의 교육 수준은 개인별로 모두 다르기 때문에 각자의 수준에 맞는 일대일 수업이 가장 바람직하다고 볼 수 있다. 세 번째 미션은 아이들의 교육을 결정하는 사람은 학모인데, 그들에게 어떻게 다가설 것인가에 대한 답이다. 어떤 교육 정보가 필요한지 고려해서 꼭 도움이 되는 자료로 엄마들의 마음을 사겠다는 영업적 미션이다. 네 번째 미션은 나의 하루 활동량에 대한 다짐의 미션이다. 오늘 많은 학모와 학생들을 만나서 학습의 기회를 줄 수 있도록 적극적으로 활동하겠다는 나와의 약속이다. 다섯 번째 미션은 수업을 진행할 때 내가 아이들의 미래에 영향을 줄 수 있으니 교육적 덕목을 두루 쌓아야겠다는 다짐이자 일에 대한 신념이다. 물론 각 항목 모두는 영업 실적이 따라오는 것이다.

이러한 내용을 영업을 나가기 전, 거울 앞에 서서 자신을 바라보며 외친다. 복장, 태도, 표정을 점검하고 위와 같이 준비한 미션을 외친다. 거울에 비친 내 눈을 응시하고 또박또박 외치는 것이다. 처음 할 때는 너무 어색하고 누가 들을까봐 부끄럽기도 했다. 그러나 가만히 생각해보면, 밖에 나가서 실패하는 것보다 이렇게 해서 성공할 수 있다면 조금 용기를 내는 것이 마땅하다. 모두 다 하고 나면 눈빛도 달라지고, 내가 하는 일에 대한 자부심도 생긴다. 또 자연스럽게 행동할 수 있는 용기도 생긴다. 실제로 나에게 도움이 많이 되었다. 매일 이렇게 행동했을 때 목표 달성에 무리가 없었고 뿐만 아니라 점점 더 성공의 길로 나아갔다.

미션은 기적을 부른다.

미션의 효과를 보고 난 뒤, 소득 창출이 높은 다른 영업을 할 때도 당연히 이것을 적용시켰다. 보험 영업을 할 때는 더욱이 전략적인 미션이 필요했다. 사회적 인식이 좋지 않은 영업이기 때문이었다. 영업

현장에서 거절당하는 경우가 많다고 판단했기 때문에 각별히 나 자신을 위로하며 행동으로 옮길 수 있는 미션이 필요했다. 고민을 많이 한 결과, 다음과 같은 미션으로 억대 연봉을 받을 수 있었다.

❶ 고객의 위험보장을 충분히 준비해 주자.

❷ 삶의 성공은 돈 걱정 없이 살 수 있는 시스템, 즉 충분한 연금을 가지는 것이다.

❸ 비과세 상품은 한 사람에게 반드시 있어야 할 필수 상품이다.

❹ 나는 고객의 숨결이 들어있는 금융상품을 다룬다.

❺ 고객의 진정한 행복은 나에게 달려 있다.

여기서 첫 번째 미션은 보험 영업의 본질을 수행하기 위함이다. '충분히'라는 단어에 힘을 주어 말함으로써 한사람의 고객을 통해 가족 전체의 위험보장을 설계하겠다는 의지가 담겨져 있다. 가족 전체의 보험 분석을 통해서 고객의 위험보장을 충분히 준비해 주겠다는 첫 번째 미션은 보험 영업에서 가장 기본적인 보장영업을 위한 미션이다.

두 번째 미션은 돈이 많거나 적거나 모든 사람이 재정에 걱정하는 시대다. 그러나 필요한 돈이 죽을 때까지 매달 월급처럼 나온다면 '돈 걱정 없이 평생 잘 살 수 있을 것'이라는 생각을 담았다. 우리

나라는 국민연금으로만 노후를 보내기에는 받는 돈이 턱없이 부족하다. 반드시 개인연금을 준비해야 하는 이유다. 이러한 연금 상품의 중요성을 인식시키겠다는 미션을 세워 연금 상품 영업에 집중하게 하는 미션이다.

세 번째 미션은 비과세 상품은 앞으로 없어질 상품이므로 지금 '한 사람에게 반드시' 있어야 할 필수 상품이라고 미션을 세웠다. 왜냐하면 우리나라는 OECD 국가 중 유일하게 비과세 통장이 존재하기 때문이다. 그래서 '한 사람에게 반드시'라는 말을 사용함으로써 한 사람의 고객을 통해 주변 모두에게 비과세 상품을 판매하는 전략이다.

네 번째 미션은 보험은 기본적으로 가족 사랑을 바탕으로 만들어진 상품이라는 의미다. 그래서 내가 전하는 상품은 고객의 숨결이 들어있는 금융상품임을 항상 가슴에 담아두려는 마음가짐이다. 이는 보험인으로서의 사명감이 담겨져 있는 미션이기도 하다.

다섯 번째 '고객의 진정한 행복은 나에게 달려 있다.'라는 미션은 보험인으로서의 신념이 담겨있는 미션이다. 보험은 위험을 대비해서 미래를 준비하는 일이므로 진심으로 고객을 위하는 마음가짐을 세우기 위한 미션이다. 이러한 미션을 오전에 영업을 나가기 전에 거울 앞에 서서 나의 눈을 들여다보며 외치고 현장을 나간다. 또 현장에서 두려움이 몰려오거나 막상 부딪히기 싫어질 때 다시 소리 내어 외쳐본다. 그러면 없던 용기가 생겨나고, 영업을 나갔을 때 의외로 좋은 성과를 거두는 날도 많았다.

가치 있는 미션은 강력한 신념을 심어준다.

이처럼 미션을 외치는 행위는 '내가 할 수 있는 일이라면 무엇이든 할 수 있다'는 믿음을 가지기 위한 것이었는데 충분히 할 만한 가치가 있는 일이었고, 실제로 나를 움직이게 하는 강력한 원동력이 되었다.

신입 때 지친 몸을 이끌고 집에 들어오자마자 나의 미션을 큰 소리로 외치면 왜 그렇게 눈물이 났는지 모르겠다. 네 번째 미션인 '나는 고객의 숨결이 들어 있는 금융상품을 다룬다.'라는 글을 읽을 때쯤에는 오늘 거절했던 고객들이 생각나서 눈물이 핑 돌 때가 많았다. 다섯 번째 미션인 '고객의 진정한 행복은 나에게 달려 있다'를 외칠 때면 꾹 참았던 눈물이 서러움에 복받쳐 흘러내리곤 했다. 오늘 하루 진심 어린 내 마음을 몰라준 고객들에 대한 서러움 때문이었을까? 매일 꿋꿋하게 나의 미션을 외치면서 스스로 많은 위로를 얻었다. 이런 미션 덕분에 어떤 어려움도 스스로 극복해낼 수 있었다.

왜 미션을 외치면 눈물이 났는지 지금은 명확하게 답할 수 있다. 그것은 마음이 치유되는 과정이었다. 영업에서 스트레스는 피할 수 없는데, 이러한 미션 외치기가 하루에 쌓인 스트레스를 날려버리는 효과를 준 것이다. 그래서 지속적으로 행동할 수 있었던 것이다.

미션을 매일 외치며 일을 하다보면 내 직업에 대한 당당함과 사명감을 가지게 된다. 나아가 내가 하는 일에 대한 강력한 신념이 자리 잡히기도 한다. 일에 대한 신념이 자리 잡히면 누가 뭐래도 확신하고 말하고, 좀 더 많이 움직이며, 일에 집중할 수 있게 된다. 그러므로 매일 나를 움직이게 만드는 '나만의 미션'을 세우는 것은 성공의 필수 요소라고 볼 수 있다.

'나만의 미션'이 얼마나 기적을 불러오는지 반드시 경험해 보라!

핵심 포인트

1 '나만의 미션'은 용기 있게 움직이게 하는
강력한 원동력이다.

2 다음 질문에 초점을 두고 미션을 세워라.
'어떻게 하면 영업의 성과를 올릴 수 있는가?'

3 가치 있는 미션은 자신이 하는 일에 대한
강력한 신념을 심어준다.

4 미션이 불러오는 기적을 반드시 경험해 보라!

3

열정적인 사람과 함께 일하라.

"열심히 일하면 일할수록
나는 더 운이 좋아진다."

– 제임스 터버

열정적인 사람은 항상 주변에 긍정적인 영향을 준다.

열정을 다해서 일하는 사람은 주변 사람들에게 인정을 받으며 그들의 응원과 격려 속에서 더욱 성장한다. 또한 열정적인 사람은 항상 주변에 긍정적인 영향을 준다.

얼마 전 TV를 통해서 이승엽 선수의 은퇴식을 보았다. 열정적인 이승엽 선수의 삶을 그의 아버지는 이렇게 표현했다. "승엽이는 무지개를 쫓아가는 아이입니다. 저 산 너머에 무지개를 발견하면 쫓아가고, 그 너머에 무지개를 발견하면 또 쫓아갑니다. 삶이 도전과 도전의 연속이었습니다. 정말 끊임없는 도전의 삶이었습니다." 그의 아버지 말처럼 이승엽 선수의 삶 자체가 열정이었고 감동이었다.

그가 남긴 시대의 기록들은 그의 끊임없는 열정을 충분히 느낄 수 있게 해주었다. 그의 열정은 많은 사람들에게 귀감이 되었으며 마치 '열정적인 삶이 얼마나 멋질 수 있는가?'에 대한 정답을 보여주는 듯 했다.

이처럼 열정적인 행동을 계속 하다보면 분명히 성공할 수 있다. 그렇다면 열정적인 사람이 되기 위한 방법을 찾아야 한다. 무엇보다 자신이 목표한 대로 즉각 실행하게 만드는 방법을 먼저 찾아야 한다. 그러다 보면 열정이 생기고, 열정이 열정을 부르게 된다. 하지만 이것만으로 충분하지 않다. 또 다른 방법은 열정적인 사람과 함께 일하는 것이다. 그러면 열정이 배가 되고, 열정적인 행동을 지속할 수 있게 된다.

"실패에서 성공으로"의 저자 프랭크 베트거는 프로야구 선수가 되고 얼마 지나지 않아 게으르다는 이유로 감독에 의해 해고를 당한 적이 있다고 한다. 그는 다른 선수들에게 불안감을 감추고 마음을 편안하게 하려고 했던 행동들인데, 감독 눈에는 베테랑 행세를 하며 게으름을 피우거나 잘난 체하는 것으로 비춰졌던 것이다. 프랭크 베트거는 감독이 자신을 게으르다고 지적하며 해고한 사실에 몹시 충격을 받았지만, 다른 일을 시작하면서는 완전히 태도를 달리해 임했다. 즉 모든 일에 열정적으로 행동하기 시작했다. 그는 열정적인 행동을 지속했고, 결국 '정열의 화신'이라는 별명을 얻으며 자신감과 열정으로 똘똘 뭉친 최고의 세일즈맨으로 성공할 수 있었다. 이렇게 열정은 성공의 문을 열어주는 중요한 요소임에 틀림없다.

열정을 함께 즐거라.

열정은 팀을 만들어서 함께 열정을 쏟아낼 때 폭발성을 가진다. 열정을 혼자서 지속하는 것은 슬럼프가 있기 때문에 어렵지만, 팀을 이루어 열정적인 행동을 같이하면 열정의 힘을 지속시키는 에너지가 넘친다. 그 결과 평범한 사람들이 모여 상상하기 어려운 결과를 이루어내는 것이다. 앞에서 소개한 나의 사례처럼 여덟 명의 평범한 사람들이 모여서 전국 영업 일등이란 결과를 이루어낸 것처럼 말이다. 조직에서 열정적인 행동은 나뿐만 아니라 다른 사람에게도 영향을 끼치며, 조직 내에서 인정을 받으면서 높은 자존감을 가지고 일할 수 있게 한다. 상도 받고, 여러 사람에게 선망의 대상이 되며, 책임 있는 자리까지 주어진다. 한번 열정적으로 일한 경험은 다른 일에도 지속적으로 발휘되어 성공으로 이끈다.

열정이 지속될 수 있도록 열정의 사람을 찾아라.

열정의 온도가 높은 사람과 무조건 함께하라. 팀원이어도 좋고, 그가 팀장이라면 더욱 잘된 일이다. 내가 학습지 영업을 할 때 만난 이범숙 팀장은 내가 만난 사람 중 가장 열정적인 사람이었다. 열정의 코드가 맞자 24시간 일을 해도 지치지 않고 즐겁게 일할 수 있었다. 당연히 결과는 폭발적이다. 우리는 매달 영업 목표를 달성했고, 누적 실적이 전국 1위였다.

만약 주변에 열정적인 사람이 없다면 찾아나서야 한다. 나는 가끔씩 전국 챔피언들을 만나러 찾아간다. 한 시간 정도의 미팅이지만 그들의 열정은 분명 남다른 것이었다. 그들은 모두 챔피언이 되기에 충분한 노력과 열정을 가지고 있어 삶의 모든 모습에서 그것을 엿볼 수 있었으며 그것은 엄청난 배움이었다.

열정적으로 움직이면 상상하지 하지 못할 일들이 벌어진다. 그 영향은 당연히 가까운 가족에서부터 일터의 동료에 이르기까지 퍼질 수 있다. 열정적인 행동은 스스로도 성공의 길로 가는 것이고, 주변도 좋은 영향을 동시에 주는 것이다. 그러므로 열정을 북돋우는 데 필요한 일이라면 무엇이라도 해야 한다. 또한 성공한 사람들을 만나서 이야기해 보면 그 열정을 곧바로 되찾을 수 있다. 성공한 사람들의 강의를 듣는 것이라든지, 책을 읽는다든지, 그밖에 다른 방법이라도 스스로 에너지를 되찾을 수 있는 일이라면 무엇이든지 찾아서 해야 한다. 행동하면 열정적이 되고, 그것을 반복해서 지속적으로 하면 열정적인 사람으로 인정받게 된다.

미국의 뇌성마비 장애인 빌 포터가 집집마다 돌아다니면서 열정적으로 세일즈를 해서 성공한 사례는 누구라도 열정적으로 자신의 일을 하면 성공할 수 있다는 진리를 보여준다. 열정 그 자체가 아름다운 삶을 만들어내는 것이다. 그러나 빌 포터 역시 혼자서 열정을 지속할 수 있었던 것이 아니다. 그의 옆에서 항상 열정의 온도를 지켜준 어머니가 있었다. 이제 열정의 중요성을 알았다면, 당장 나가서 열정의 온도를 높여줄 사람을 찾아 함께하라.

위대하고 존경하는 사람들의 열정을 배워라.

열정적인 사람이 주변에 없을 때는 멀리 있지만 위대하고 존경받는 사람들의 열정을 배우도록 노력하라. 웅진 그룹의 윤석금 회장은 1971년 한국 브리태니커 백과사전 외판원으로 영업을 시작했다. 다른 영업 사원들은 책이 얼마나 좋은지를 설명했지만, 영어 원문으로 된 백과사전을 판매하기는 힘들었다. 반면 윤석금 회장은 '문화'를 이야기하며, '세계 최고 지식의 보고인 백과사전이 집에 있는 것만으로도 아이들이 다르게 클 것'이라고 설득했다. 그래서 영업사원 1년 만에 54개국 영업사원 중 판매왕이 되었다. 그 후 그는 외국 출장을 다녀오는 길에 무작정 일본 도쿄에 내려 호텔을 잡은 후, 전화번호부를 뒤져서 출판사들에게 전화를 돌렸다. '내가 대한민국의 판매왕 윤석금인데, 출판업을 하려고 하니 투자를 해달라는 내용이었다.' 당연히 상대방들은 전화를 끊었다. 하지만 기적적으로 그 요청을 귀담아 들은 출판사가 있었고, 결국 투자를 받아냈다. 이런 그의 열정적인 행동이 큰 성공을 불러올 수 있었다.

위대하고 존경받는 사람들의 책은 영업에서 성공하는데 올바른 이정표를 주었다. 나는 열정적인 삶을 실천한 대표적인 분으로, 미국의 벤저민 프랭클린의 열정을 본받고 싶었다. 그는 열정적인 삶을 통해서 온 국민들로부터 존경을 받는 사람이 되었다. 영업하는 사람이라면 누구나 프랭클린의 13가지 원칙을 알고 있을 것이다. 이런 삶의 13가지 원칙을 평생 열정적으로 실천해 결국은 지금까지 존경받는 사람으로 성공할 수 있었던 것이다. 나도 그를 본받고 싶어서 다음과 같은 13가지 삶의 실천사항을 세웠다.

이것들을 내 마음에 항상 새기고 행동하려고 노력했다. 이러한 노력은 분명 열정적인 삶에 도움이 된다. 이렇게 위대하고 존경받는 사람들의 열정을 본받고자 노력하면 이미 결과는 정해진 것과 다름없다. 그들의 훌륭한 업적들이 그것을 증명해 주며 우리를 북돋우기 때문이다.

비록 열정적인 사람과 함께 일할 수는 없더라도, 위대하고 존경받는 사람들의 열정을 가까이하려고 끊임없이 노력하라. 당신의 길에 올바른 이정표가 될 것이다.

핵심 포인트

1 | 열정적인 사람은 항상 주변에 긍정적인 영향을 준다.

2 | 열정적인 사람들과 함께했을 때
엄청난 긍정의 에너지가 일어난다.

3 | 가치 있는 미션은 자신이 하는 일에 대한
강력한 신념을 심어준다.

4 | 열정적으로 움직이면 상상하지 못할 일들이 벌어진다.

5 | 위대하고 존경받는 사람들의 열정적 실천을 본받아라.

4

항상 스크립트를 작성하라.

"아무리 즉흥적인 것일지라도
그것을 가능하게 하는 것은 치밀한 계획이다."

— 마크 케인

호감 있는 첫 인상을 남겨라.

　고객을 처음 만나러 갔을 때, 영업인의 첫 인상은 과연 몇 초 만에 결정될까?

　"설득의 유머기술"의 장광혁 저자는 '고객을 처음 만났을 때 정지된 상태에서 상대를 파악하는데 2초가 걸리고, 상대의 표정이나 동작을 파악하는데 5초가 걸린다. 여기서 인사를 포함한 대화로 상대에게 호감을 주는 데 20초가 걸린다.'고 서술한 바 있다. 여기서 볼 수 있듯이 사람의 첫인상은 20초 안에 결정된다. 지금 준비 없이 처음 만나는 고객 앞이라고 상상해 보라. 과연 20초 안에 임팩트 있는 자기소개로 좋은 인상을 줄 수 있겠는가?

　고객은 호감이 떨어진 영업인과 절대로 대화를 하려고 하지 않는다. 만약 첫인상이 별로인 영업인이라면 고객은 즉시 어떻게 하면 그 자리를 피할 수 있을지에 대한 생각으로 가득 찰 것이다.

　미국의 뇌 과학자 폴 왈렌의 연구에 따르면 사람은 0.1초도 안 되는 짧은 순간에 상대방에 대한 호감도와 신뢰도를 결정한다고 한다. 또 첫 이미지가 단단하게 굳어 바뀌지 않는다고 하여 이를 '콘크리트 법칙'이라고도 부른다. 이렇게 한번 굳어진 첫 인상은 지속성이 강해서, 첫 인상을 바꾸려면 그 이후 무려 40시간의 대화가 이루어져야 한다고 한다. 0.1초의 잘못된 이미지를 회복하는데 40시간이 걸린다는 게 놀랍지 않은가? 첫인상이 좋지 않다면, 그 고객에게 영업은 더 이상 기회가 없다는 뜻이다. 명심하라. 고객은 기다려주지 않는다. 이제 고객에게 다가서기 전에 왜 치밀한 준비를 해야 하는지 알겠는가?

강렬한 자기소개를 하라.

먼저 호감과 열정, 호기심과 목적이 모두 포함된 자기소개를 작성하라. 스크립트를 어떻게 준비하면 영업성과를 올릴 수 있는지 그 방법을 알아보자. 가망고객에게 전화를 했을 때 '보험이 너무 많다'는 이유로 만나기를 좀 꺼려한 40대 여성이라면 이러한 자기소개를 준비해 가는 것이 도움이 될 것이다.

> 🔍 "안녕하세요? 저는 보험금을 찾아주는 전문 FC ○○○입니다. 많은 보험 때문에 골치가 아픈 고객들을 위해 그 고민거리를 해결해 드리러 왔습니다. 무료 보장분석을 통해서 고민거리를 해결해 드릴 수 있습니다. 저는 고객님이 몰라서 못 받아가는 보험금을 집중적으로 찾아주는 일을 하고 있는 FC 입니다. 소개해 주신 분도 찾아드린 보험금으로 굉장히 고마워하셨습니다. 고객님에게도 도움을 드리겠습니다."

이 사례에서 알 수 있듯이 먼저 고객이 어떤 대상인가를 살펴보라. 고객이 보험이 너무 많아서 골치 아픈 고객이라면, 그것을 먼저 해결해 주려는 목적이 들어간다면 처음부터 호감을 가질 수 있을 것이다. 이렇게 짧은 자기소개에도 목적을 분명히 담아야 한다. 그리고 '고객들이 몰라서 못 받아가는 보험금'이라는 호기심을 유발해야 한다. 그래야 상담을 진행하기가 용이하다. 또 마지막으로 문제를 해결해 주겠다는 의지와 도움을 드리겠다는 열정을 담아서 본인의 인사말을 마무리한다. 이렇게 하면 짧은 시간 안에도 첫 인상을 호감 있게 할 수 있다. 또한 자신의 가치관이나 철학, 신념이 들어있다면 더욱 훌륭한 자기소개 스크립트가 될 것이다. 그리고 상담진행 스크립트는 고객들이 실제로 몰라서 못 찾아가는 보험금에 대한 실제 사례 중심으로 스크립트를 짜면 상담에 성공할 수 있다.

다음으로 사례를 통해 대상이 법인대표일 때의 자기소개에 대해 살펴보자. 개척으로 만난다고 가정하면 먼저 우편으로 간단한 자기소개를 보내는 것이 약속 잡기에 용이하다. 그럼 첫 만남에서의 자기소개 사례를 살펴보겠다.

> 🔍 "안녕하세요? 저는 법인전문 FC ○○○입니다. 저는 사업하시는 법인 대표님들에게 사업적으로나 개인적으로 실제적인 이익을 드리는 전문가입니다. 이와 관련해 어떤 기업체가 어떤 혜택을 받고 만족했는지, 또 대표님께 어떤 도움을 드릴 수 있는지 제가 잠시 말씀드리겠습니다."

이 사례도 마찬가지 법인대표들이 듣기에 호감을 가질 수 있는 '실제 이익'이라는 부분이 담겨져 있다. 또한 본인이 법인 컨설팅을 한다. 라는 목적이 분명히 담겨져 있다. 마지막에 사업적으로 어떻게 도움을 줄 수 있는지에 대한 부분도 명시함으로써 자신의 소개로 의도를 분명히 하고 있다. 이렇게 두 사례에서도 알 수 있듯이 자기소개 스크립트에는 전체적으로 호감과 열정이 느껴져야 하며, 짧은 문장에 목적과 호기심을 담고 스크립트를 작성해야 한다.

임팩트를 찾아라.

이어서 본격적인 상담에 들어가는 스크립트는 임펙트를 찾아야 한다. 다음 임팩트 있는 문장을 살펴보자.

> 🔍 "12시간 안에 또 한명의 독거노인이 사망할 거란 사실을 알고 계십니까? 독거노인 사망률은 계속 증가하고 있습니다. 더 안타까운 사실은 독거노인이 사망한 후에 이를 발견하는 사람이 없다는 겁니다. 저희는 이를 예방하기 위해 기업과 연계하여, 독거노인에게 하루 한 끼의 식사를 배달하는 사업을 합니다. 어르신들의 건강도 챙기고 안부도 확인하는 일석이조의 사업입니다."

'비즈니스의 모든 순간은 스피치다'에 수록되어 있는 내용이다. 여기서 가장 임팩트 있는 문장은 '12시간 안에 또 한 명의 독거노인이 사망할 것이다'라는 문장이다. 임팩트 있는 문장으로 대화를 시작해야 상대방을 대화에 집중시킬 수 있고 기억에 남게 할 수 있다.

임팩트 있는 문장을 찾기 위해서는 먼저 생각나는 모든 내용을 적어봐야 한다. 단어 중심으로 써내려가다 보면 자주 나오는 단어가 발견될 것이다. 동시에 새로운 단어도 주목하면서 써내려간다. 이렇게 하다보면 핵심단어를 찾을 수 있고, 그것을 확장해 임팩트 있는 문장을 만들어낼 수 있다. 고민한 만큼 임팩트 있고 강력한 문장을 만들어낼 수 있다. 이렇게 스크립트를 작성 하는 요령을 터득해서 나름의 스크립트를 쓰는 습관을 길러야 한다. 또한 고객이 바뀔 때마다 대상에 맞는 스크립트를 수정해서 작성해야 한다. 그만큼 한 사람 한 사람에게 정성을 다 해야 원하는 바를 이룰 수 있다.

5분 만에 클로징 하기

스크립트를 작성하여 보통 1시간 이상의 상담 내용을 준비해 가지만, 막상 현장에서 고객과 상담을 해보면 서로 시간에 쫓기는 경우가 많이 발생한다. 그러므로 상담이 들어가기 전에 먼저 고객에게 다음 스케줄은 물어보아 시간을 확보한 후 상담을 시작해야 한다. 그럼에도 고객이 '바쁘다'라는 표현을 했을 때는 "그럼 5분만 시간을 내어 주시겠습니까?"라는 질문을 해야 한다. 대부분 이 질문에는 긍정적으로 대답하기 때문에 5분 동안의 클로징 멘트를 할 시간을 확보할 수 있다. 또한 항상 '5분 안에 클로징' 할 수 있는 스크립트를 작성해 가지고 있는 것이 중요하다.

매우 간결하고, 임팩트 있게, 5분 만에 마칠 수 있는 스크립트를 작성하라. 이것을 많이 연습해서 마스터하면 3분 클로징, 1분 클로징도 가능하다. 그러면 어떤 상황, 어떤 고객을 만나도 자신감 있게 상담할 수 있다. 다음은 내가 지점장일 때 전략적인 교육으로 가장 많은 보험계약을 이끌어 내었던 '5분 클로징' 스크립트다.

● "고객님, 시간이 5분밖에 나지 않는다고 말씀하셨는데요, 그 시간이면 충분합니다. 고객님께서 기존에 보험을 왜 가입을 하셨습니까? 아, 네 정말 잘 하셨습니다. 그러면 보험이 과연 어떤 도움이 될까요? 보험을 가입하는 이유는 바로 보험금을 받기 위해서 맞습니다. 그런데 고객님은 보험금을 받고 싶을 때 쉽게 받을 수 있겠습니까? 사실 입원이나 수술 보험금은 생각보다 쉽게 받을 수 있지만, 몰라서 못 받아가는 보험금이 많습니다.

저는 얼마 전에 디스크 수술을 한 고객을 만났는데, 그 고객에게 찾아 가지 못한 오백만 원의 보험금을 지급해 준 경험이 있습니다. 그 외에도 크고 작은 사고에도 못 받아가는 보험금을 집중적으로 찾아주는 일을 전문적으로 하고 있습니다. 고객님께도 나중에 보험금을 지급 받을 일이 있으면 제가 도움을 드리도록 하겠습니다.

그렇게 하기 위해서 먼저 고객님께서 어떤 보험이 있으신지 제가 점검을 해야 할 텐데요. 보험은 생명보험과 실손보험이 균형 있게 설계되어 있는 것이 가장 중요합니다. 대부분 이 균형이 깨져 있어 보험으로 인한 불이익을 많이 당하고 계시는데요, 저는 이 점을 말끔하게 해결해 드리고 싶습니다(이를 위해 이미 가입되어 있는 보험 상품과 현금흐름, 재정 상태에 대해 파악한다. 또한 저축 상태도 점검하여 효율적으로 돈을 모을 수 있도록 상담해 드리겠다고 말한다).

고객님, 5분의 짧은 시간이었지만 도움이 되셨습니까? 네, 감사합니다. 오늘은 스케줄상 여기까지 하고, 제가 나중에 꼭 좀 더 구체적인 도움을 드리도록 하겠습니다. 고객님의 자료를 분석해서 다시 찾아뵙도록 하겠습니다(다음 약속잡기)."

이밖에 자기만의 방법을 연구하여 1시간 이상의 상담을 5분, 3분, 1분에도 가능하게 하라.

스토리를 넣어라.

다음은 스토리의 힘이 얼마나 강력한 지를 잘 보여주는 글이다.

🔍 "얼마 전 트위터에 올라온 감동적인 사연입니다. 5년 전에 죽은 아버지로부터 매년 생일마다 꽃다발과 축하편지를 받은 딸의 사연이 전해져 많은 사람들에게 감동을 주었습니다. 5년째 되는 해에 그녀는 마지막으로 받은 생일카드를 트위터에 올렸다. 거기에는 '나는 더 좋은 곳에 있으니, 나를 위해 눈물 흘리지 마렴. 너는 내가 받은 가장 귀한 선물이자 보석이고, 앞으로도 계속 그럴 것이다. 어머니를 더욱 존경하고, 너 자신에 충실해 항상 기쁘고 충만한 삶을 살기 바란다. 언제든 너와 함께할 것이다. 뒤를 돌아보면 내가 그곳에 있을 것이다. 사랑한다.'라고 적혀 있었습니다. 그녀는 사연과 함께 '이것은 나의 21번째 생일을 축하하는 꽃다발과 편지, 마지막 선물이다. 아버지가 너무 보고 싶다.'라는 글을 남겼습니다. 그녀가 올린 사연에 대한 반응은 폭발적이었습니다. 그녀는 아버지의 꽃다발로 그 누구보다 많은 사람들에게 생일 축하를 받을 수 있었습니다. 그녀의 아버지는 5년 전에 췌장암 말기 진단을 받고, 딸을 위해 미리 꽃다발 대금을 지불하고 매년 생일을 축하해 달라고 부탁해 두었던 것입니다.

고객님, 딸을 향한 아버지의 사랑이 느껴지시죠?

제가 고객님에게 제안하는 이 플랜은 딸이 5년뿐만 아니라, 평생 동안 아버지의 사랑을 느끼며 살아갈 수 있게 해주는 가치 있는 일입니다.

자녀를 위해 어떤 결정을 하시겠습니까?"

이렇게 스토리는 사람들에게 감동을 선물하며 고객의 닫힌 마음의 문을 여는 열쇠이기도 하다. 영업에서 스토리의 힘은 위대하다.

핵심 포인트

1 첫인상은 20초 안에 결정된다.
호감과 열정, 그리고 호기심과 목적이 담겨있는
자기소개를 작성하라.

2 상담할 내용에서 반드시 임팩트 있는
문장을 만들어내라.

3 1시간 이상의 상담 내용을 압축하여 5분 안에도
클로징 할 수 있도록 요약하는 습관을 들여라

4 고객이 바뀔 때마다 반드시 대상에 맞게
스크립트를 수정하라.

5

연습 또 연습하라.

"인내와 끈기의 마력 앞에서
모든 장애는 사라지고 난관은 소멸한다."

— 얼 나이팅게일

완벽하게 숙지하라!

배우가 역할을 맡고 대본을 받았다고 해서 당장 무대에 서지는 않는다. 대본을 읽고 대사를 맞춰 보면서 끊임없이 연기 연습을 해야 한다. 반복적으로 충분히 연습을 한 이후에 무대에 설 수 있는 것이다. 훌륭한 배우일수록 보이지 않는 곳에서 피나는 노력을 한다. 영업하는 사람도 마찬가지다. 만나야 할 고객을 염두에 두고 상황을 만들어서 연습해야 한다. 그러기 위해서는 먼저 작성한 스크립트를 완벽하게 숙지해야 한다. 아무리 좋은 스크립트라 하더라도 겨우 외워서 말하는 것이 상대방에게 전해질 리 없다. 외운 것을 자연스럽게 대화하듯이 말할 수 있을 때까지 숙지하라. 그렇게 하려면 모든 문장을 짧고 간결하게 말할 수 있을 때까지 연습해야 한다. 또 초등학생도 알아들을 수 있는 쉬운 말로 연습하되 완전히 내 것이 될 때까지 연습하라.

아나운서 따라하기

1971년 발표한 '메라비언의 법칙'에 따르면 한 사람이 상대방으로부터 받는 이미지는 시각에서 55%, 청각에서 38%, 언어에서 7%의 영향을 받는다고 한다. 여기서 시각 55% 중 표정이 35%이고, 태도가 25%를 차지한다. 즉 이 이론에 따르면 대화를 통해서 상대방에게 호감을 느끼는데 말의 내용은 7%의 비중을 차지하는 반면 태도,

표정, 목소리가 93%의 비중을 차지하는 것이다.

그러므로 이 모든 요소를 아우르는 종합적인 연습이 필요하다. 좋은 목소리를 타고난 사람이 유리한 게 사실이다. 그러나 목소리 역시 연습하면 호감 있게 바뀔 수 있다. 꾸준하게 소리 내어 발음 연습을 하고, 다시 들으면서 확인하는 훈련을 반복한다. 이를 위해 보통 사람들이 가장 신뢰감을 느끼는 방송 아나운서를 따라하면 상당히 도움이 된다. 아나운서를 따라하면 좋은 태도와 표정, 목소리까지 동시에 연습할 수 있다.

다음으로 기분이 좋아야 좋은 목소리를 낼 수 있으므로 항상 좋은 감정 상태를 유지하는 훈련을 해야 한다. 목소리에도 표정을 담아서 연습을 하다 보면 전화를 하거나 받을 때도 상당한 도움을 받을 수 있다. 그래서 영업을 하는 사람은 일상적인 대화에서도 계속 목소리 훈련을 하는 것이 습관을 들이면 좋다. 평상시에도 명확한 발음과 자신감 있는 목소리, 그리고 밝은 표정으로 이야기 하는 습관을 들여 보라. 전화를 받을 때는 상대방에게 신뢰감을 주기 위해서 조금 낮은 톤으로 하고, 사람들과 만나서 얘기할 때는 조금 높은 톤을 쓰며, 평상시에는 중간 톤으로 하면 효과적이다. 스크립트를 가지고 연습을 할 때는 거울 앞에서 서서 부드럽고 따뜻하면서도 카리스마 있는 눈빛을 연습하라. 자신의 마음에 들 때까지 연습하라. 녹음을 한 후 자신의 목소리를 들으면서 확인하고 수정하는 무한 반복해서 연습하라.

스마트하게 보이도록 연습하라

영업인이 고객에게 다가갔을 때 평범하게 보이거나 느껴진다면 다음 상담을 진행하기가 어렵다. 앞에서 말한 바와 같이 상대방에게 호감과 신뢰를 주는데 말의 내용보다 태도, 표정, 목소리가 중요하므로 머리에서 발끝까지 매력적이고 전문가다운 모습을 갖추어야 한다. 즉 스마트하게 보이도록 연습해야 한다. 스마트하게 대화를 이끌기 위해서는 임팩트 있는 질문을 잘 던져야 한다. 다시 말해 자연스럽게 대화를 리드할 수 있어야 한다. 다음은 내가 영업 현장에서 가장 많이 사용한 임팩트 있는 질문 스크립트 10가지이다.

임팩트 있는 질문 스크립트 10가지

❶ 어떻게 이 일을 시작하게 되셨습니까?

❷ 현재의 상황은 어떻습니까?

❸ 보험에 대해 어떤 느낌을 가지고 계십니까?

❹ 현재 재정적으로 가장 해결하고 싶은 상황은 무엇입니까?

❺ 제가 어떤 도움을 드리면 될까요?

❻ 앞으로 그 사항을 어떻게 해결해 나가시겠습니까?

❼ 왜 그렇게 생각하시는지 이유를 말씀해 주시겠습니까?

❽ 그 밖에 또 다른 이유가 있으십니까?

❾ 현재 상황에서 변화가 필요하다고 생각하십니까?

❿ 제가 그 해결책을 가져온다면 어떻게 하시겠습니까?

이 질문들이 완전히 당신의 것이 되도록 연습하라. 임팩트 있는 질문을 적절하게 하면 당신은 상대방에게 더욱 스마트하게 보일 수 있다. 주의할 점은 임팩트 있는 질문을 한 후 고객이 대답을 할 때까지 기다려라. 이렇게 하면 어떤 상황에서도 고객에게 임팩트 있는 질문을 던질 수 있고, 다음 상담을 연결하기가 용이하다. 질문을 던질 때도 카리스마 있는 눈빛과 표정을 연습하라. 얼마만큼 연습하느냐에 따라서 스마트함이 달라진다.

현장 중심으로 연습하라

영업인은 고객과 어떻게 대화를 시작하고, 어떻게 대화를 전개해 나가야 하는지 현장중심으로 알아야 한다. 그러기에 가장 좋은 연습 방법이 롤 플레이다. 롤 플레이는 현장과 비슷한 상황을 연출하고 고객 역할과 영업인 역할을 설정하여 모의로 연습하는 것을 말한다. 먼저 상담 내용을 충분히 연습한 상태에서 롤 플레이를 진행하면 실제 상황에서 상당한 도움을 받을 수가 있다. 이때 현장감이 고스란히 느껴지는 상황 연출이 중요하다. 롤 플레이 대상으로는 함께 일하는 동료가 가장 좋다. 서로 역할을 바꿔가며 롤 플레이를 진행하면 현장에 대한 이해도가 높은 동료는 의사소통도 용이할 뿐 아니라 장차 서로에게 좋은 협력자가 될 것이다.

사실 롤 플레이에서 더 좋은 상대는 함께 일하는 리더다. 부족한 부분에 대한 즉각적인 피드백을 받을 수 있어 효과적일 수 있다. 아니면 가족이나 친구도 좋다. 만약 상대자가 없다면 용기를 내어 찾아보라. 혼자서 연습하는 것과 상대자와 함께 연습하는 것은 차원이 다르다. 또한 사람마다 답변이 다르기 때문에 그러한 거절을 응대하는 법을 익히기 위해서라도 반드시 대상자를 선정해서 롤 플레이를 진행하라.

롤 플레이는 영업인에게 어떤 고객이라도 대응할 수 있다는 자신감을 주며, 이것은 굉장한 힘이다. 롤 플레이를 하고 현장에 나가면 상담 후에 '아, 그때 이렇게 말했으면 좋았을 것을…'이라는 후회를 남기지 않고 온전한 능력을 발휘할 수 있다.

롤 플레이를 할 때 설명 중심으로 하지 말고 대화 중심으로 해야 한다. 대화를 하려면 적절한 질문을 해야 하고, 질문을 한 후 원하는 대답을 듣지 못해도 거기에 대해서 긍정적인 답변을 할 수 있어야 한다. 그러므로 대상자에 따른 롤 플레이를 상황별로 많이 연습해야 한다. 더불어 롤 플레이가 끝난 후에는 상대자에게 반드시 피드백을 받는 습관을 가져라. 그러면 말하는 속도와 억양, 태도까지 수정해나갈 수 있다. 롤 플레이를 통해 스크립트를 연습하면 실제로 고객이 스크립트에 어떤 반응을 보일지에 대한 궁금증을 해소할 수 있다. 이는 고객의 답변이나 반응을 예측 가능하게 해준다. 만약 긍정적인 반응을 확인한다면 영업 상담에 상당한 자신감을 얻을 수 있다. 그러면 실전에서 더욱 열정을 가지고 행동할 수 있게 된다. 롤 플레이를 통해서 영업에 자신감을 얻고 확신이 생기면 성공가능성은 자연히 훨씬 높아진다.

　마지막으로 강조하는데, 모든 상담을 하기 전에 반드시 롤 플레이를 하라! 이렇게 연습하고 또 연습하면 두려움이 없어진다. 영업인에게 두려움만 없다면 실패를 경험하더라도 계속 앞으로 나아갈 수 있게 된다. 그리고 마침내 진정으로 영업을 즐기는 단계에 도달하게 될 것이다. 현장에 빨리 나가고 싶을 만큼 연습하고 또 연습하라.

핵심 포인트

1 │ 연습은 성공으로 가는 지름길이다.

2 │ 거울 앞에서 부드럽고 카리스마 있는 눈빛을 연습하라.

3 │ 임팩트 있는 질문으로 스마트하게 보이는 연습을 하라.

4 │ 현장 중심의 롤 플레이를 상황별로 하라.

5 │ 연습하고 또 연습하면 두려움이 없어진다.

6 │ 현장에 빨리 나가고 싶을 만큼 연습하고 또 연습하라.

6

정직하고 순수한 마음으로 다가가라.

"정직하라. 그 속에 설득과 덕행의 비결이 있고,
정신적 영향력의 원천이 있으며,
예술과 인생의 최고 규범이 있다."

– 레프 톨스토이

올바른 태도로 마음의 문을 열어라.

영업인이 갖추어야 할 덕목 중 가장 중요한 것은 바로 올바른 태도다. '긍정적 사고'의 창시자로 불리는 노먼 빈센트 필은 '태도만큼 중요한 것은 없다. 그것이 우리의 성공과 실패를 결정짓기 때문이다.'라고 말할 만큼 올바른 태도에 대해 강조했다.

하지만 실제 영업의 세계에서 정직한 태도와 순수한 태도를 유지한다는 것은 매우 어려운 일이다. 결과 중심의 일이기 때문에 그러한 마음을 지켜내기 힘든 상황이 자주 발생한다. 그렇기 때문에 나는 이 점을 더욱 강조하고 싶다. 어떤 순간이 오더라도 올바른 태도를 유지하라.

영업은 고객이 원하는 것을 성취하도록 돕는 일이다. 항상 이 사실을 마음에 새기고, 고객에게 다가가기 전에 먼저 내가 무엇을 위해서 영업을 하는가를 생각해 보아야 한다. 자신의 영업성과와 실적, 계약 성사만을 생각할 것이 아니라, 고객이 원하는 것이 무엇인지 고민하며 찾아보고 실제로 그 고객에게 도움을 주기 위해 다가가야 한다. 그 결과, 고객과의 만남을 마친 후에는 고객에게 진심으로 '고맙다'는 말을 들을 수 있어야 한다.

왜 순수한 마음으로 고객에게 다가가야 하는지 한 사례를 통해서 살펴보자.

학습지 영업을 할 때 아파트 단지 안에서 개척 영업을 많이 했었다. 오후 늦게 초등학교 고학년의 아들과 엄마를 만날 수 있었다. 아들은 엄마보다 키가 커서 듬직하게 장 본 것을 들고 있었다. 나는 활짝 웃으며 그들에게 다가갔다.

"안녕하세요? 아들이 참 대견하네요. 고학년 자녀에게 도움이 되는 교육 자료 좀 드릴까요?"

내가 웃으면서 아들을 칭찬하며 다가가니, 그 엄마도 웃으면서 말했다. "우리 아이는 워낙 공부하기 싫어해서요."

"어머니, 당연하죠. 공부하는 걸 좋아하는 학생은 거의 없어요. 여기 공부에 관심을 가질 수 있도록 도와주는 자료를 드릴게요. 그런데 아들이 좋아하는 게 뭐예요?" 자료를 드리며 질문하자 아들과 엄마가 눈을 마주치며 웃었다.

"우리 아들은 축구만 좋아해요. 그것 말고는 오락을 좋아하죠 뭐."

"우와! 멋지네요. 친구들 사이에서 인기도 많겠어요. 어머니, 아이가 좋아하고 잘하는 게 있다면 걱정 안 하셔도 됩니다."

"틈만 나면 축구하고 공부 좀 하라고 하면 잠 온다고 하고, 이제 곧 중학교에 가야하는데 걱정이에요."

엄마는 진심으로 걱정스런 표정이었다.

"어머니, 아들은 공부의 필요성을 전혀 못 느끼고 있고, 또 아들 수준에 맞춰 학습이 이루어지지 않기 때문에 공부가 어려운 겁니다.

그러니 집중력이 떨어져 잠이 올 수밖에요."

"그럼 어떡해요?" 엄마는 답을 달라는 표정이었다.

"어머니, 제가 아들의 학습상태를 먼저 진단해 보고 도움을 좀 드릴까요?"

"그렇게 해주시면 저야 너무 고맙죠."

그 학모는 '도움을 좀 드릴까요?'란 질문에 반갑게 '그렇게 해주시면 너무 고맙겠다.'고 인사를 건넸다. 그 후 과정은 영업 프로세스에 의해 자연스럽게 진행되었고, 그 학생은 오랫동안 내 학습지도를 받을 수 있었다. 위의 사례에서 볼 수 있듯이 고객에게 다가갈 때는 어떤 도움을 주겠다는 순수한 마음을 가지고 다가서야 한다. 그래야 고객이 마음의 문을 여는 것이다.

고객이 진짜 원하는 것은 무엇인가?

사전에 고객의 정보가 확보되면 먼저 고객에 대한 분석을 통해 이해도를 높여야 한다. 그러고 나서 확보된 고객을 대상으로 어떤 도움을 줄 수 있을 지를 고민하고, 고객에게 지금 필요한 것이 무엇인지를 충분히 연구해야 한다. 학생들을 대상으로 하는 학습 영업에서는 학모들이 궁금한 것을 그 입장에서 고민해 보면 쉽게 해답을 찾을 수 있다. 모든 학모들의 꿈은 자녀들을 건강하고 훌륭하게 키우는 것이다. 그러니 그에 맞는 자료를 찾아서 연구하면 된다. 그렇게 모든 준비를 마치고 현장에 나서야 한다. 모든 준비를 마치고 현장에 나가면 여유 있는 표정과 자신감을 가지고 활발한 영업 활동을 할 수 있다.

처음으로 고객을 만나면 낯설지만 활짝 웃으며 호감을 가지고 먼저 다가가야 한다. 그리고 활기차고 다정한 목소리로 말하면 상대방은 영업에 상관없이 도움을 주려는 마음과 태도를 보고 자신의 태도도 호의적으로 바꾼다. 위에서 학모가 '우리 아이는 공부하는 것을 싫어한다.'라는 표현은 거절의 표현이 될 수 있지만, 그 문제에 충분히 공감하면서 문제 해결을 위한 질문을 해나가자 마음이 바뀌면서 새로운 영업의 장이 열린 것이다. '그럼 아들이 좋아하는 것은 무엇입니까?'라는 질문으로 흥미를 유발시킨 후 고객이 진짜 원하는 것이 무엇인지 찾아낸 것이다. 모든 결과에는 원인이 있듯이 고객이 무엇을 원하는지, 무엇이 문제인지에 집중하면서 대화를 이끌어 가면 된다. 더불어 모든 대화에는 공감이 중요하다는 사실을 명심하라. 고객의 말에 대한 공감 없이 본인의 말만 하다가는 좋은 결과를 얻기 어렵다.

순수한 마음으로 고객이 진짜 원하는 것이 무엇인지를 찾아내기 위해 다가가야 한다. 간혹 고객 중 자신이 진심으로 원하는 것이 무엇인지 모르는 분도 있다. 그럴 때는 더욱 순수한 마음으로 다가가 진심 어린 대화와 공감을 통해 고객이 그것을 발견하도록 도우면서 그것을 함께 찾아낼 수 있다. 이를 위해서는 대화를 하면서 고객의 이야기를 경청해야 한다

순수한 질문으로 경청하라

법인대표들을 대상으로 개척 영업을 할 때였는데, 작은 자동차 부품 공장을 하는 대표를 만난 적이 있다. 나도 처음에는 두려움으로 인해 큰 회사는 뒤로 미루고 작은 회사부터 방문했었다. 보통 작은 회사 대표들은 기술부서와 생산부서의 경영을 혼자서 담당해야 하는 경우가 많아 보통 새벽부터 밤늦게까지 일만 하는 대표들이 많았다. 내가 만났던 분 역시 40대 중반이었는데, 일 중독자처럼 회사 운영을 하고 있었다. 먼저 제안서를 보냈는데 너무 바빠서 전화로 약속을 잡을 때는 긴 대화를 하기가 어렵겠다는 판단이 들었다. 하지만 실제로 첫 미팅을 가졌을 때, 나는 영업의 새로운 장을 경험할 수 있었다. 구체적인 프로세스는 뒤에서 설명하겠다. 첫 미팅 시간에 내가 사업적인 면에서나 개인적인 면에서 무엇이든 도움을 드릴 수 있는 사람임을 자신감 있게 밝히고, 구체적으로 어떤 도움을 줄 수 있는지 알기 위해 몇 가지 질문을 하겠다고 말했다. 첫 번째 질문으로 '이 사업을 왜 시작하게 되었는지'에 관해 질문을 던졌다. 이 질문에 40대 중반의 대표는 사업 초창기 시절 본인의 힘들고 어려웠던 이야기들

을 쏟아냈다. 충분히 공감하며 경청했고, 시간이 지날수록 이렇게 열심히 사시는 분을 진심으로 도와드려야겠다는 생각이 들었다. 대화 중 꼭 필요한 질문 몇 가지만 하고, 대부분의 말은 고객이 하게 했다. 어려웠던 고비를 어떻게 극복할 수 있었는지 또 앞으로 어떻게 살고 싶은지에 대한 질문과 현재 가장 먼저 해결해야 할 상황이 무엇인지에 관한 질문도 했다. 그 대표는 시종일관 진지하게 이야기를 했으며, 처음 만나는 나에게 2시간 이상 본인의 이야기를 했다. 나도 놀라웠다. 첫 상담을 마무리하면서 나는 해결해야 할 사항들을 한 번 더 확인하고 '적절한 해결책을 준비해 오면 어떻게 하겠습니까?'란 마지막 질문을 던졌다. 당연히 대표는 긍정적인 답변을 주었다. 그 대표 역시 자신의 상황을 말하면서 지금의 숨 가쁜 현실에서 벗어나고 싶은 마음이 간절하다는 사실을 스스로 깨달았던 것이다. 고객이 원하는 것을 알고자 노력해도 처음 보는 사람에게 자신의 이야기를 솔직하게 털어놓는다는 게 어려운 것은 사실이다. 그러나 고객을 돕겠다는 진심을 가지고 정직하고 순수하게 다가가면 반드시 고객이 마음을 털어놓는 순간이 온다. 경청의 위대한 힘을 경험하라.

핵심 포인트

1   정직하고 순수한 태도로 마음의 문을 열어라.

2   영업은 고객이 원하는 것을 성취하도록
돕는 일이라는 것을 항상 먼저 생각하라.

3   고객에게 실제로 도움이 되는 자료들을 찾아서
연구하라.

4   고객이 진짜 원하는 것이 무엇인지를 찾아라.

5   순수한 마음으로 다가서면
고객의 진짜 이야기를 들을 수 있고
마음을 읽을 수 있다.
경청의 위대한 힘을 경험하라.

7

자기 관리를 철저히 하라.

"만일 당신이 자신을 조절할 수 없다면
당신은 그 무엇도 경영할 수 없을 것이다."

– 린드 B. 존슨

일에 대한 신념을 가져라.

영업에서 가장 중요한 가치가 무엇일까? 그것은 자신이 하고 있는 일에 대한 신념을 가지는 것이다. 신념이란 흔들림 없는 태도와 변하지 않는 믿음으로 자신의 일에 대한 견해를 가지고 행동하는 것이다. 영업의 본질이 '사람을 진심으로 돕는 일'이라는 신념을 철저히 마음에 새겨라. 더불어 내가 하는 일이 이 세상에서 가장 훌륭한 일이라는 믿음을 확고히 하라. 사람을 진심으로 돕는 일을 매일 실천하면서 소득도 올릴 수 있는 일이 바로 영업이다.

다양한 영업을 하면서 나는 진심으로 영업이 최고의 직업임에 자부하게 되었다. 자신에 대한 믿음을 가지고, 일에 대한 신념을 확고히 하라. 그 바탕 위에 자기 관리를 철저히 해나가라.

자기 경영을 하라.

영업을 하면서 고객의 수가 늘어나게 되면 할 일이 많아져 나중에는 정리정돈이 안 되는 경우가 많다. 그래서 반드시 일주일에 한 번은 자기관리의 날을 정해 지켜야 한다. 나는 토요일 오전 시간을 자기관리의 날로 정했다. 금요일 오후에 다음 주 스케줄을 세우고, 주간 영업실적을 일차적으로 정리한다. 이어서 다음 날 토요일 오전을 자기관리의 날로 활용했다. 그 시간이 차분히 혼자 정리하기에 좋은 시간이기 때문이다. 일주일 동안 활동했던 모든 데이터를 정리하고 분석해서 다음 주를 위한 새로운 계획과 전략을 세우는 날이다. 자기관리의 날이 정해져 있으면 일주일을 정리하고 새로운 출발을 할 수 있다. 또한 각오도 새롭게 할 수 있다. 이 시간에 지난주에 했던 일들을 정리정돈 하고, 다음 주를 위한 치밀한 계획과 전략을 세우고 나면 기분이 좋아진다. 이 시간은 월요일 출근길을 가볍게 만들어 주고, 매주 새롭게 출발할 수 있도록 만들어 주었다.

영업은 무조건 열심히 하는 것보다 전략을 어떻게 세우느냐가 더 중요하다. 그래서 한 주 동안 활동한 결과를 데이터화 하고 충분한 분석한 후 다시 계획과 전략을 세우는 과정이 매우 중요하다. 주간별로 활동을 정리하는 작업과 한 달 활동 내역을 분석·정리하는 작업을 지속적으로 해나가면 본인의 영업력에 대한 데이터를 얻을 수 있다. 그러면 체계적으로 자신의 영업력을 성장시킬 수 있다. 자기관리의 날이 정해져 있으면 체계적인 시간관리 역시 가능해진다. 내가 만났던 대부분의 성공한 사람들은 시간관리가 굉장히 철저했다.

성공을 맹세한 영업인이 가장 경계해야 할 것이 '게으름'이란 병이다. 성공하고 싶다면 반드시 새벽형 인간이 되어라. 새벽은 창의적인 생각을 하기에 가장 좋은 시간이다. 영감이 떠오르는 시간인 새벽을 적극 활용하길 바란다.

철저히 시간 계획을 세워서 일을 하면 시간을 효율적으로 보낼 수 있을 뿐만 아니라 막연한 불안감에서도 벗어날 수 있다. 마지막으로 규칙적인 식사와 운동도 스케줄에서 중요한 부분을 차지해야 한다. 사람을 만나는 일에서 활기찬 에너지를 발산하기 위해서는 무엇보다 건강해야 한다. 이 진리를 명심하라.

끊임없이 배우고 연구하라.

"배우기를 멈추는 사람은 스무 살이든 여든 살이든 늙은이다. 계속 배우는 사람은 언제나 젊다. 인생에서 가장 멋진 일은 마음을 계속 젊게 유지하는 것이다."

‒ 헨리포드 ‒

항상 겸손한 자세로 배우려는 의지를 가져라. 사람들을 많이 만나는 직업이므로 만나는 사람에게 먼저 배워라. 성공해도 배움이 있고, 실패하면 더욱 배움이 크다. 고객이나 동료 등 사람을 만날 때마다 그 사람의 장점을 배우도록 노력하라. 영업은 사람들을 직접 만날 기회가 많기 때문에 배움이 상당히 큰 직업이다. 그것은 책에서는 도저히 배울 수 없는 현장감 있는 배움이다. 그리고 유익한 자기계발서를 찾아서 읽으며 항상 배움을 얻도록 노력하라. 그중에서도 성공한 사람들의 책은 시행착오를 덜 겪을 수 있도록 도와주며 현재 당면한 어려움에 대한 해결책이 제시되어 있는 경우가 많다. 따라만 해도 성공할 수 있다.

뿐만 아니라 강연이나 세미나에도 적극적으로 참석하라. 직접 참여하여 경험해 보면 예상치 못한 엄청난 시너지 효과가 있을 수 있다. 앞으로는 전문가 시대다. 이제 막 영업을 시작한 사람들은 한 분야에서 전문가가 되기 위한 준비를 처음부터 해야 한다. 지금 하고 있는 영업에 관련한 자격증을 취득하라. 전문 자격증이 있으면 있을수록 더욱 자신감이 생기고, 인정받으며 성공할 수 있다. 전문가로서 오랫동안 일을 잘 하기 위해서도 끊임없이 배우고 연구해야 한다. 그래야 자신에게 맞는 획기적인 영업 전략을 세울 수 있다.

긍정적인 이미지를 유지하라.

고객과 만났을 때 그 기회를 성공적으로 잡기 위해서 긍정적인 이미지가 필수다. 성공하는 사람들은 자기 자신에 대한 확고한 믿음과 긍정적인 이미지를 가지고 있다. 이는 고객에게 말할 수 없는 신뢰감을 준다. 긍정적인 이미지를 유지하기 위해 항상 노력하라.

긍정적인 이미지를 갖는데 도움이 되는 방법을 알아보자.

첫째, 성공의 경험을 많이 쌓아야 한다. 매일의 활동 목표와 영업 목표를 세워서 작더라도 매일 성공의 경험을 쌓아라. 긍정적인 힘이 저절로 생겨날 것이다. 둘째, 어떤 일이 생기더라도 긍정적으로 해석하는 능력을 습관화 하라. 상담 중에 흔히 있을 수 있는 거절을 긍정적으로 받아들이고 해석해야 다음 상담으로 이어질 수 있다는 사실을 기억하라. 셋째, 가장 가까운 사람들에게 인정을 받아라. 가족이나 협력자에게 내가 하는 일에 대해 항상 공유하려고 노력하라. 그들의 감사와 인정을 받을 수 있도록 노력하라. 많은 힘이 될 것이다. 넷째, 다시 말하지만 가장 중요한 것은 일에 대한 신념을 확고히 가지는 것이다. 그래야 긍정적인 태도를 유지할 수 있다. 더불어 부정적인 영향을 줄 수 있는 요소는 피해야 한다. 다섯째, 긍정적인 이미지를 유지하기 위해서 자신에게 맞는 복장을 잘 선정하라. 말하는 사람이 복장을 제대로 갖추지 않으면 듣는 사람은 그 사람의 말을 중요하게 여기지 않는다. 복장을 제대로 갖추고 그로 인해 자신이 전문가답게 느껴진다면 스스로 자신감을 가지고 고객을 대할 수 있게 된다. 이것이 어렵다면 전문가에게 맡겨서 도움을 청하는 것도 좋다. 자기 자신을 가장 최상의 모습으로 보이게 하라. 여섯째, 하루하루 성실하게 일을 함으로써 긍정적 이미지는 더욱 강화된다. 긍정적인 태도는 열심히 행동할 때 나오는 것이다. 일곱째, 자신의 강점에 집중하라. 강점을 부각시키면 매력 있는 에너지를 낼 수 있다. 여덟째, 목표에 대한 성과를 자기 자신에게 보상을 하라. 목표를 달성했으면 반드시 스스로를 칭찬해 주고, 자신이 좋아하는 것을 찾아서 보상하라. 사람은 즐거움 없이 계속 달릴 수 없다. 아홉째, 목적도 방법도 정직하게 하라. 당당한 즐거움을 얻기 위해서는 항상 옳은 방식으로 정직하게 일하고 노력해야 한다. 열 번째, 주위 사람들에게 도움을 주고, 칭찬을 자주 받도록 노력하라. 누구라도 칭찬받으면 기분이 좋아지고 자기 자신에 대해 긍정적인 이미지를 갖게 된다. 반면 이와 반대로 자신을 부정적으로 생각하게 되는 요소라고 판단되는 일은 피하라.

스트레스를 빨리 해소하라.

영업 활동은 어쩔 수 없이 스트레스가 쌓이게 되어 있다. 이를 해소하기 위한 자기관리를 하지 않으면 계속 스트레스가 누적될 수밖에 없다. 그러다보면 가슴이 답답해지고 건강을 해치게 된다. 그래서 활기찬 영업 활동을 하기가 어렵게 된다. 스스로 스트레스를 해소하기 위한 노력을 반드시 해야 한다. 영업을 할 때 심리적 상태가 안정되어 있지 않으면 일이 잘 풀리지 않고, 다른 일에도 영향을 미치게 된다. 정리해야 될 일은 정리하고 넘어가라. 그래야 머릿속이 개운해진다. 계속 거절을 당하고 머릿속이 복잡해질 때, 스트레스가 몰려올때 즉각적으로 그것을 해소하려고 노력하라. 자신이 가장 좋아하는 스트레스 해소 방법을 찾아라!

나는 늘 이렇게 기도한다.

"제가 늘 감사한 마음과 겸손한 마음을 가지게 해주시고, 제가 하는 일에 대한 믿음이 더욱 확고하게 하셔서 흔들리지 않고 오늘도 당당하게 걸어갈 수 있게 하옵소서. 오늘도 좋은 사람들을 많이 만나게 해주시고, 진심으로 그들을 도울 수 있게 용기와 지혜를 주시옵소서."

영업은 하면 할수록 사람들과 함께하는 일이라는 생각이 든다. 그러나 한편으로는 사람들 속에 있어도 굉장히 외로운 직업이다. 종교를 떠나서 나는 매일 이렇게 기도함으로써 나 자신을 위로하고 자기 관리를 꾸준히 해나가는 데 큰 도움을 받을 수 있었다.

핵심 포인트

1 | '사람을 진심으로 돕는 일'이라는
신념을 마음에 철저히 새기라.
더불어 내가 하는 일이 이 세상에서 가장
훌륭한 일이라는 것에 대한 믿음을 확고히 하라.

2 | 일주일에 하루는 자기관리의 날을 정해 지키고,
시간 관리를 철저히 하라.

3 | 반드시 성실하라.
영업인에게 가장 치명적인 질병은 '게으름'이다.

4 | 전문가로서 오랫동안 일을 잘 하려면
끊임없이 배우고 연구하라.

5 | 성공한 사람들은 자기 자신에 대한
확고한 믿음과 긍정적인 이미지를 가졌다.

6 | 스스로 스트레스 해소할 수 있는 방법을 찾아라.

8

가족과 공유하라.

"가족들이 서로 맺어져 하나가 된다는 것은
이 세상에서의 유일한 행복이다."

― 마리 퀴리

일을 공유하라

영업은 사람들과 함께하는 일이기도 하지만 한편으로는 전적으로 혼자 이루어가는 외로운 직업이다. 그래서 영업을 시작할 때부터 가족의 지지를 받으면 더할 나위 없이 좋다. 어떤 각오로 영업을 시작했는지, 이루고자 하는 목표가 무엇인지를 가족과 공유하며 함께 성장하라. 대부분의 사람들이 영업을 선택한 이유는 가족의 행복을 위해서다. 그런데 일만 하느라 가족과 소통하지 못한다면 얼마나 외롭고 힘이 들겠는가?

나 역시 영업에서 성공하기 위해 일에 집중을 해야 했고, 그 시기에 두 아들은 엄마의 손길이 필요한 나이였다. 그래서 택한 방법이 아이들과 일을 공유하는 것이었다. 아들들에게 하루 일을 스토리로 재미있게 풀어내면 관심 있게 듣고 서로 대화할 수 있었다. 또 두 아들을 대상으로 롤 플레이를 하면서 자연스럽게 생각하게 하는 질문들을 던질 수 있었고, 이는 교육적으로 탁월한 효과가 있었다. 매일 바쁘게 일하는 엄마의 모습을 보며 자란 아이들은 자신의 일을 게을리 할 수 없었다. 비록 어린아이였지만 두 아들이 지지해주는 힘은 영업 초창기에 매우 큰 도움이 되었다. 영업 일을 해나가는데 누군가의 응원과 지지가 얼마나 큰 힘이 되는지 새삼 깨달았다.

보험이라는 새로운 도전을 하면서 처음에 많은 벽에 부딪쳤다. 가족 중 가장 지지를 받고 싶었던 남편의 반대가 있었던 것이었다. 내가 왜 입사를 했으며, 무엇 때문에 이 일을 하는지, 앞으로 어떻게 일을 할 건지에 대해 아무리 말로 설명해도 통하지 않았다. 하지만 나는 적어도 가족의 응원 속에서 성장해가고 싶다는 생각을 뚜렷이 가지고 있었다. 영업은 사람의 마음을 사는 일인데, 가족의 마음조차 사지 못한다면 앞으로 어떻게 영업을 해나갈 수 있겠는가? 나는 어떻게 하면 보험에 대한 남편의 좋지 않은 인식을 바꿀 수 있을지 고민했다. 고민 끝에 세미나를 하기로 결심했다. 남편의 직장 동료 7명을 대상으로 영업은 절대 하지 않고, '직장인이 돈을 모을 수 있는 방법'에 대해 세미나를 하겠으니 30분만 시간을 내어 달라고 했다. 몇 번을 설득해서 겨우 허락을 받고 곧장 철저히 준비했다. 직장인들이 들었을 때 충분히 도움이 될 수 있는 자료들을 검토하고 모아서 재테크 강의를 준비한 것이다. 제대로 장비도 갖추고, 연습을 엄청나게 많이 했다. 스스로 만족할 만큼의 연습을 마치고 세미나를 개최했다. 보험 영업 시작하고 처음으로 한 세미나였다. 떨리고 부담스러웠지만 워낙 연습을 많이 해서 전문성을 느껴질 정도의 세미나가 진행되었다. 30분의 세미나를 마치고 나자 남편의 태도가 완전히 달라졌다. 지금까지 자신이 알던 보험 영업과는 다르다는 사실을 알게 된 것이다. 세미나에 참석했던 직원들이 많은 도움을 받았다며 감사인사를 하는 모습을 보면서 남편은 만족해했다.

심지어 세미나에 참여한 사람 중 몇 사람은 그 자리에서 계약을 하기도 했다. 이러한 노력으로 남편의 부정적인 생각을 모두 걷어 낼 수 있었다.

그때부터 남편에게 많은 지지를 받으며 일을 할 수 있었다. 남편과도 일에 대해 소통하게 되면서 나는 롤 플레이 대상으로 남편을 적극 활용했다. 아이들과 할 때와는 달리 남편과 롤 플레이를 진행할 때는 실제 법인대표들의 생각이 어떨지를 미리 짐작할 수 있어서 현장 영업에 큰 도움이 되었다. 남편은 내 일을 지지하는 것을 넘어서 적극적으로 보험을 소개할 수 있는 대상들을 찾아주기도 했다. 그러한 남편의 지지가 나에게 큰 자신감을 심어주었다. 결국 온 가족의 응원 속에서 나는 일을 할 수 있게 되었다.

매일 현장 속에서 어려움을 많이 겪고 퇴근하지만, 가정으로 돌아오면 온 가족이 '내가 하는 일에 관심을 가지고 내 편을 들어 준다'는 사실이 엄청난 힘을 주었다. 가족 덕분에 더 이상 영업이 외롭거나 힘들지 않았다. 오히려 가족을 위해서라도 또 자랑스러운 아내와 엄마가 되기 위해서라도 열심히 노력했다. 많은 성공 스토리를 가족들과 나누는 시간이 즐거웠다. 시간이 지나자 가족을 넘어서 오랫동안 함께해온 지인이나 친구들에게도 영업에 대한 스토리를 공유하게 되었고, 이는 내가 많은 응원 속에서 힘 있게 일할 수 있도록 만들어 주었다.

가족을 세미나나 행사에 참여시켜라.

자기관리를 위해 영업에 도움이 되는 여러 세미나들에 참석하면서 영업뿐만 아니라 내면의 성장에도 많은 도움을 받았다. 그래서 나는 청소년이 참석 가능한 세미나에는 자녀와 함께 참석했는데 교육적으로 매우 효과가 좋았다. 두 아들은 창의적인 사고를 하는 방법에 관한 세미나에 참석했었는데 그 교육적 효과를 톡톡히 보았다. 아이들이 청소년기여서 더욱 반응이 좋은 듯했다. 학교 교육이 주입식 교육인 것에 비해 외부에서 진행되는 세미나들은 내용도 전문적이고 수업 방식도 다양하기 때문에 아이들에게 새로운 자극을 주기에 충분했다.

그 외에 영업 조직에서는 영업 결과를 가지고 시상식을 많이 시행한다. 이러한 행사에 가족들이 참석할 수 있게 하라. 이런 자리에서 자녀들은 동기부여를 받는다. 가족 구성원에 대한 자부심을 가지게 되고, 더 열심히 살아야겠다는 동기부여도 된다.

가족 여행을 떠나라.

영업 조직은 영업성과에 대한 보상을 충분히 한다. 특히 보험회사에서는 그 결과에 따라 가족 단위로 해외여행을 많이 보내주곤 했다. 온 가족이 함께 상으로 받은 해외여행을 떠났던 행복한 기억은 영원히 잊지 못할 것이다. 이러한 보상은 내가 하는 일에 대한 자부심을 크게 올려주고, 영업인으로서의 보람도 느끼게 해준다.

가족 모두의 목표를 공유하라.

　매일 영업의 스토리를 얘기 하다 보면 자연스럽게 목표를 말할 때가 많다. 목표에 관해 말하다 보면 목표의 달성 여부에도 서로 관심을 가지게 된다. 가족들이 서로의 목표가 무엇인지 물어보고, 각자 그 목표를 달성하자며 격려로 하루를 시작한다. 가족끼리 한편이 되어서 서로 '화이팅!'을 외쳐 줄 때 큰 힘이 된다. 뿐만 아니라 목표를 달성했을 때, 더 크게 기뻐하고 축하해 줄 수 있게 된다. 우리 집은 그래서 집에서 자주 파티를 한다. 영업의 특성상 목표를 정하고 집중해서 활동하면 매달 결과가 나오기 때문에 자주 축하할 기회가 생긴다. 이러한 점은 자녀를 키우는 가정에 긍정적인 영향을 미칠 수 있다. 이렇게 목표에 대한 공유는 가족 전체의 목표 공유를 유도할 수 있고, 이를 통해 가족 모두가 성장해 나가도록 만든다. 그러므로 영업의 목표를 반드시 가족과 공유하라. 서로 소통하면서 많은 응원 속에서 어려운 길을 헤쳐 나갈 수 있을 것이다.

　처음에는 가족의 응원과 지지뿐이었지만 차츰 지인과 친구, 고객 등 목표를 공유하고 응원 받을 수 있는 사람들이 늘어날 때 진정 성공한 영업인이 될 수 있다. 자신을 응원하고 지지하는 사람이 백 명 정도 된다고 상상해 보라! 그렇게 되면 성공한 영업인으로 오랫동안 즐기며 일할 수 있게 된다.

핵심 포인트

1 처음부터 일을 가족과 공유하고 함께 성장하라.

2 가족들을 자기계발에 도움이 되는 세미나에 참석시켜라.

3 영업성과에 따른 보상으로 가족 여행을 떠나라.

4 가족 모두의 목표를 공유하고
목표 달성 시에 파티를 즐겨라.

5 가족처럼 자신을 응원하고 지지하는 사람이
100명이라고 생각해보라!
이것이 바로 진정한 성공이다.

6 가족은 영업인을 뛰게 하는 원동력이며,
그들의 응원은 지치지 않는 에너지를 준다.

9

매일 즉각적으로 행동하라.

"무엇을 하든, 무엇을 꿈꾸든 일단 과감하게 시작부터 해야 한다.
과감함은 신비한 마력을 지니고 있기 때문에 언젠가는 반드시 꿈을 이루게 한다."

– 토니 고든

즉각적인 행동을 하라.

영업은 사람을 만나는 일이다. 사람을 만나지 않고서는 아무런 결과도 낼 수 없다. 만약 지금 슬럼프에 빠져 힘들다면 사람을 만나고 있는지 점검해 보라.

보험 영업으로 성공한 토니 고든은 보험 영업을 시작한 첫날, 자신의 팀장에게 정말 중요한 말을 듣게 되었다고 한다. "어떻게 해야 이 일을 성공할 수 있습니까?"라는 질문에 "일주일에 15건의 상담 약속을 하면 성공할 수밖에 없지."라는 귀중한 충고를 들었다. "일주일에 14건의 상담 약속을 하면 어떻게 되죠?"라고 다시 묻자 그는 "성공할 수도 있고 성공하지 못할 수도 있지. 하지만 15명의 약속을 하면 반드시 성공할 거야"라고 대답했다. 이렇듯 영업은 활발하게 사람들을 만날 때 성공할 수 있다.

처음에는 확률이 떨어지겠지만 사람을 만나는 일을 꾸준히 하다 보면 분명히 좋은 결과가 따라온다. 영업을 나가기 위한 준비를 모두 마쳤다면 무조건 현장에 나가 행동해야만 한다. 아무리 좋은 계획도 즉각적으로 실행에 옮기지 않는다면 아무런 소용이 없다. 성공도 마찬가지다. 어떤 계기를 통해 변해야겠다고 결심했다면 바로 행동으로 옮겨야 한다. 행동을 통해서만 변화를 이룰 수 있기 때문이다. 행동 없이는 절대로 성공이라는 맛을 볼 수 없다. 그동안 많은 노력과 준비를 통해 상담 연습을 마쳤다면, 그 열정 그대로 즉각적으로 행동하라. 열정이라는 감정은 행동으로 곧바로 옮기지 않으면 오랫동안 유지하기 어렵다. 그래서 해야 되겠다는 결심과 열정이 올랐을 때 적극적으로 행동해야만 한다. 이것이 성공의 핵심이다. 곧바로 행동에 옮기지 않고 미루는 습관은 어떤 일에도 도움이 되지 않는다. 특히 고객을 만날 기회를 즉시 잡지 못한다면 다시 기회가 오지 않을 수도 있다.

미루는 습관은 실패로 가는 지름길이다. 많은 전략과 연습은 모두 현장에서 실행에 옮겼을 때 의미를 가질 수 있다. 자신감이 있을 때, 또는 성공하고 있다면 그 기세로 당장 기회를 잡을 수 있도록 움직여라.

오늘 할 일을 내일로 미루지 마라.

영업 능력은 절대 하루아침에 이루어지는 것이 아니다. 매일매일 조금씩 커가는 것이다. 아무리 재능이 뛰어난 사람이라도 꾸준하게 노력하지 않으면 빛을 발할 수 없다. 반면 매일 꾸준히 행동하는 사람은 반드시 성공할 수 있는 일이 바로 영업이다.

영업에서 성공하기 위해서 성실은 기본이다. 매일 새벽부터 밤늦게까지 스케줄을 만들고, 오늘 해야 할 일을 절대로 내일로 미루지 마라. 오늘 할 일은 오늘 마무리해야만 한다. 그래야 내일이 새롭게 펼쳐진다. 처음부터 자신과의 약속을 놓친다면, 앞으로도 스스로 혜쳐 나가기 어렵다. 왜냐하면 영업은 자기 경영이자 자신과의 약속이기 때문이다. 한번 세운 자신과의 약속은 사소한 것이라도 반드시 지킬 수 있도록 몰입하라. 하루 할 일에 몰입하면 하루를 성공할 수 있고, 나아가 매일 성공의 경험을 맛볼 수 있다. 성공한 사람들의 대부분은 본인이 하고자 하는 일에 몰입해서 끝까지 강력하게 밀고 나가는 힘이 있었다. 매일 할 일을 달성하는 습관은 성공의 가장 중요한 요소다. 이러한 습관을 하루하루 일관되게 지켜나가야 한다. 매일 지속적으로 노력하는 것이 의미 있다. 매일 해야 할 일을 이루어내는 습관이 바로 성공하는 습관이다. 이것은 몸에 성공인자로 자리 잡는다. 그러면 힘든 시기에도 자신을 통제하기가 훨씬 쉬워진다. 오늘 할 일을 내일로 미루면 오랫동안 힘들어진다는 걸 명심하라. 스케줄표에 오늘 해야 할 일이 있다면 반드시 오늘 중으로 해결하라.

날마다 새로운 목표를 설정하라.

영업인의 목표는 나침반이다. 목표가 설정되어 있지 않으면 어디로 향하는지 알 수 없고, 열정도 생기지 않는다. 또 너무 멀리 있는 목표는 현실적으로 느끼기 어렵다. 영업인은 매일 명백하고 확실한 목표를 가지고 있어야 한다. 그래야 매일 즉각적인 행동을 하기가 쉽다. 세부적으로 계획하고 즉각적으로 행동하라. 그리고 매일 자신이 잘 하고 있는지에 대해 점검하라. 많은 사람들이 실패하는 이유는 목표가 있음에도 불구하고 그것을 달성하기 위한 세부적인 목표가 없기 때문이다. 달성하고자 하는 큰 목표 하나만으로는 충분하지 않다. 그 큰 목표를 달성하기 위한 매일의 작은 목표들을 설정하고 적극적으로 행동해야 한다. 그러면 매일 일에 집중하게 되고 열정이 식지 않는다. 하루의 해야 할 일과 매일의 목표에 매진하면 점점 생산성이 올라가게 되어 있다. 일일목표를 세우고 날마다 그 목표를 달성하도록 집중하라. 하루하루 충실하다 보면 반드시 원하는 목표에 도달할 수 있다. 일일목표 중에서도 처음에는 활동 목표를 먼저 100% 달성하도록 하라. 결과적으로 하루의 실적 목표는 실패하더라도 주간목표는 성공 가능하다. 이렇게 해서 성공의 경험을 쌓아라.

주간별 실적 목표를 세워라.

영업을 처음 시작해서 중요하게 세워야 할 목표는 활동 목표이다. 일일 활동 목표를 세우고 매일 즉각적인 행동을 하다 보면 분명히 실적이 나온다. 그 다음 단계는 주간별로 실적 목표를 세우는 것이다. 실적 목표를 세우면 좀 더 강력하게 행동할 수 있게 된다. 사실 실적 목표는 부담스럽기도 하고 스트레스를 받기도 하지만 끊임없이 스스로를 단련하게 하며 프로로 활동할 수 있는 가능성을 열어준다.

뿐만 아니라 실적은 곧 소득이므로 실적에 대한 목표는 매우 중요하다. 보험회사에서는 일주일에 세 건을 하는 '3w'라는 제도가 있다. 3w만 꾸준히 해나가면 보험업계에서는 원하는 결과물을 모두 얻을 수 있다. 3w는 고객 수를 늘리는 가장 좋은 방법이기도 하고, 계속하다 보면 상담 능력과 활동량도 함께 성장할 수 있다. 그렇게 되면 자연스럽게 성공 확률도 올라간다. 즉 내공이 올라가는 것이다. 영업의 활동성도 높여주고 스스로 실적을 관리하게 만드는 강력한 제도다. 실적 목표는 아주 작은 건수라도 실적을 올리기 위해 아주 멀리 출장을 다녀오게 만들기도 하고, 주말과 상관없이 주간에 세운 목표를 달성하기 위해 끊임없이 행동하게 만들기도 한다. 그렇게 강력한 영업인으로 성장하는 것이다. 과정을 무시하지 말고 한 단계씩 올라가라. 이것이 바로 성실한 행동이다. 다시 말하지만 성실함은 영업인을 성공하게 만드는 필수 요소다.

현장에서 답을 찾아라.

영업은 현장에서 사람을 만나는 일이다. 이해하지 못할 어떤 상황도 현장에 나가면 답을 찾을 수 있다.

50대 후반의 한 법인 대표에게 은퇴자금 마련 보험에 가입하게 한 후, 큰 계약 이어서 건강검진이 필요로 했다. 고객에게 건강 상태에 대한 질문을 했을 때, 건강하다는 말씀을 들었기 때문에 아무런 의심 없이 건강 진단을 진행했다. 검진 결과는 혈당과 콜레스테롤 수

치가 높아서 보험 가입이 거절당했다. 처음 당하는 일이라 몹시 당황했고, 어떻게 해결해야 할지를 몰랐다. 혼자서 아무리 생각을 해봐도 답을 찾을 수가 없었다. 그래서 고객의 건강검진표와 건강을 회복하도록 돕는 자료들을 가지고 다시 고객을 찾았다. 고객에게 설명을 하고, 건강에 대해서 어떤 대비를 해야 할지에 대한 건강 상담을 집중적으로 했다. 현장에서 그렇게 했을 때 고객이 나의 태도에 감동을 받았고, 자녀 이름으로 은퇴자금 마련 보험 계약을 다시 진행하겠다는 놀라운 말을 했다. 어렵게 진행한 계약이 실패할 위기를 만나 엄청난 실망감과 충격이 있었는데, 실제로 현장에서 고객을 만나 대화함으로써 또 다른 기회를 잡은 것이다. 역시 현장에 답이 있었다.

또 이런 일도 있다. 상담을 1차, 2차로 진행하고 이제 계약하기 위한 클로징만 남아 있는 상황이었는데, 갑자기 고객과 계속 연락이 안 되는 것이었다. 아무리 생각을 해봐도 이해가 되지 않는 상황이어서, 그 고객이 일하는 사업장에 직접 찾아가 보았다. 알고 보니 그 고객은 난처한 상황으로 인해 나를 피한 것이었다. '내가 제안한 제안서대로 친구에게 보험을 가입해야 된다.'는 설명을 듣고 굉장히 실망스러웠다. 예전에 도움을 받았던 친구여서 지금 어려운 처지에 있는 친구를 꼭 도와주고 싶다고 했다. 충분히 이해가 되었고, 오히려 머릿속이 말끔해졌다. 대표는 미안했던지 다른 고객을 한 명 소개해 주었다. 만약 현장에서 답을 찾지 않았더라면 갑자기 연락이 안되는 이유가 뭔지도 모른 채 계속 그 건에 매달려 있었을 테고, 그러면 다음 일을 진행하지 못했을 것이다. 클레임이 있거나 답답한 상황이 벌어지면 반드시 현장에서 답을 찾도록 하라. 생각과 현장은 다를 수 있고, 의외의 또 다른 해답을 찾을 수도 있다.

영업을 열심히 하다가도 이따금씩 힘들다는 생각이 들기도 하고 지겹다는 생각이 들 때도 있다. 그러나 가만히 생각해 보면, 그것은 일 때문이 아니라 내가 해야 할 일을 하지 못했을 때 드는 생각들이었다. 해야 할 일들을 오늘 다 해내면서 목표 달성을 향해 나아가고 있다면 어떤 상황에서는 절대로 지겹다는 생각을 할 수 없을 것이다. 명심하라. 오늘 해야 할 일을 오늘 하라. 내일로 미루지 마라. 그러면 매일 즐거운 마음으로 당신이 원하는 목표를 향해 갈 수 있을 것이다. 또한 이렇게 매일 쌓인 현장 경험은 이론과 결합하여 강력한 성공의 무기를 만들어 낸다. 매일 매일 즉각적으로 행동하라!

핵심 포인트

1 | 열정이 식기 전에 즉각적으로 행동하라.

2 | 모든 전략과 연습은 모두 현장에서 실행했을 때
가치가 있다.

3 | 매일 할 일을 달성하는 습관은
성공의 가장 중요한 요소다.

4 | 주간 실적 목표는 스스로를 강력하게 단련시키는
행동의 원동력이 된다.

5 | 항상 현장에서 답을 찾아라.

6 | 현장 경험은 이론과 결합하여
강력한 성공의 무기를 만들어낸다.

10

진정한 성공을 위해서 용서하라.

"용서만큼 완벽한 복수는 없다."

– 조쉬 빌링스

왜 용서해야 하는가?

영업에 대해 말하면서 왜 '진정한 성공을 위해서 용서하라'는 주제를 꺼내는지 궁금할 것이다. 그 이유는 만약 내가 영업 초반부터 용서의 중요성을 알았더라면, 그토록 사람 때문에 힘들어하지 않았을 것이라는 깨달음 때문이다. 영업은 사람과의 관계에서 하는 일이기 때문에 사람으로부터 오는 상처를 피할 수 없다. 그래서 이를 극복하지 못하고 상처를 외면하거나 계속 쌓다보면 일까지 실패하는 경우가 많이 발생한다.

영업은 긍정적인 마음에서 출발해야 성공할 수 있다. 상처를 끌어안고 집착하다 보면 아무리 긍정적인 태도를 가지려 해도 그러기 어려워진다. 뿐만 아니라 사람을 계속 만나는 일이어서 또 다른 상처가 왔을 때 감당하기 어려운 상황을 맞이할 수 있다.

가만히 생각해보라. 다른 사람으로 인해 상처를 받아서 이미 힘들었는데, 그 상처 때문에 일까지 방해가 된다면 얼마나 억울한 일인가? 일의 성공을 위해서라도 지혜 있게 상처에서 벗어나는 방법을 찾아야 한다. 상처에서 벗어나는 최고의 방법이 바로 '용서'다.

26년간 일하면서 사람에게서 크고 작은 상처를 많이 받았다. 나름 용서했다고 생각했던 모든 것들이 실은 마음에 상처로 남아 쌓이고 있었다. 내성적인 성격이어서 더 그런 듯 했다. 상처에 집착하게 되자 나이가 들면서 몸까지 아프기 시작했다. 그래서 열정을 다해 해

왔던 일들을 결국 모두 내려놓게 되었다.

상처를 받고서 용서하는 마음을 가지지 않으면 자기 연민에 빠지기도 하고 복수심을 키울 수도 있다. 이렇게 자기 연민과 복수심에 사로잡히다 보면, 정작 집중해서 일을 해야 할 시간을 낭비하게 되고, 감정적인 에너지도 낭비하게 된다. 그렇다하더라도 용서는 쉬운 일이 아니며 아무나 할 수 있는 일도 아니다. 강요할 수는 없지만 용서를 하면 나 자신에게 가장 이롭다는 사실을 인식해야한다.

용서는 자신을 위해서 하라.

얼마 전 알고 지내던 한 분을 통해서 용서가 얼마나 중요한 요소인지 다시 한 번 느낄 수 있었다. 40대 후반의 여성으로 작은 제조업을 하는 사업가인데, 10년 전부터 어렵게 사는 후배 한 명이 워낙 잘 따르고, 친근하게 다가와서 필요하다고 할 때마다 돈을 빌려주었다고 한다. 남편 모르게 빌려준 돈의 액수가 3억을 넘어서자 후배는 돈을 갚지 않고 사라져버렸다. 그녀는 심한 충격을 받아 몸까지 아프기 시작했다. 워낙 정이 많고 꼼꼼한 성격이어서 더 큰 충격과 상처를 입었고, 이후 고통의 날들을 보내고 있었다. 당연히 사업에도 지장이 많았다. 그분 이야기를 들어보면 믿었던 사람에 대한 배신감이 견딜 수 없이 힘들다고 했다. 또한 10년 이상 성실하게 노력했던 노동의 대가를 다 잃어버린 것에 대한 허탈함도 분노를 키웠다고 한다. 시간이 지나도 화는 사라지지 않았고, 점점 의욕도 없어지고 병마저 들었다는 것이다. 옆에서 지켜보기에 안타까운 일이었다.

용서는 분명 어려운 일이지만 용서하지 않으면 나 스스로에게 큰 해를 입히고, 건강마저 해친다는 사실을 다시 한 번 깨달을 수 있었다. 이처럼 사람과의 관계에서는 뜻하지 않은 일들이 충분히 벌어질 수 있다. 영업은 수많은 사람과의 관계 속에서 하는 일이므로 상처를 받는 것은 피할 수는 없으나 이에 대해 현명하게 대처하는 것이 매우 중요하다.

벤자민 프랭클린은 용서에 대해 이렇게 말했다. "상처를 가하는 행위는 스스로를 원수보다 더 못한 사람으로 만드는 것이고, 복수하는 것은 스스로를 원수와 대등한 위치에 올려놓는 것이며, 용서를 베푸는 것은 스스로를 원수보다 더 나은 사람으로 만드는 것이다."

용서는 나를 아프게 하는 상처에서 벗어나 나를 더욱 성장시키는 길이다.

용서함으로 자유를 얻어라.

용서는 우리 삶에 긍정적인 에너지를 준다. 그렇다면 용서를 하기 위해서 어떻게 해야 하는가? 용서를 하기 위해서는 우선 큰 결심을 해야 한다. 어떤 상처든 자신에게 아픔을 준 사람을 용서해야 하는 일이기에 용기가 필요하다. 용서란 내가 상대방에게 '베푸는 것'이라는 사실을 알면 결심하기가 어렵지 않을 것이다. 그러려면 먼저 자신의 상처를 들여다보고 인정해야 한다. 나를 고통스럽게 만드는 그 상처가 무엇인지 정확하게 인식하는 것이 중요하다. 그러고 나서 상대방의 잘못을 잊어버리는 것이다. 어렵지만 잘못을 모두 묻고 파헤치지 않는 것이 바로 용서다. 상대에게 용서했다는 것을 말할 수도 있고, 혼자서 소리 내어 용서할 수 있다. 상대에게 직접 말하는 방법은 현실적으로 어려우므로 그렇게 하지 않아도 된다. 어쨌든 용서한 이후에 그 사람이 준 상처를 다시 생각하지 않는 것이 용서다.

'나는 할 수 있다'라고 결심한 후 용서를 실천해 보자. 이렇게 용서하는 방법을 터득하고 나면 상처를 또 받더라도 빨리 용서하는 습관을 가질 수 있게 된다. 이것은 자신을 위하는 가장 빠르고 좋은 방법이다. 용서는 빠르면 빠를수록 나에게 이롭기 때문에 가급적 빨리 용서하라.

여기 주의할 점이 있다. 나는 그 사람을 용서해도 다른 사람들은 그 사람을 용서하지 않을 수 있다. 사람들은 남에 대해 이야기 하는 것을 좋아한다. 이유 없이 남을 욕하거나 비난하기를 좋아하는 사람들도 있다. 그러나 한 번뿐인 소중한 인생을 살면서 남에 대한 좋지 않은 이야기로 시간을 낭비할 필요는 없다. 다른 사람들의 말에 흔들리지 말고, 내가 용서하기로 마음먹었다면 끝까지 용서를 베푸는 것이 중요하다.

결국 용서를 해야 하는 가장 중요한 이유는 나 자신을 위해서이다. 나 자신의 평안과 건강한 육체를 위해서 용서해야 하는 것이다. 용서를 해야 내가 새로운 출발을 할 수 있으며, 결국 자유로워질 수 있다.

"용서의 심리학"의 저자 폴 마이어는 '어떤 사람 때문에 화가 났다면 너는 그 사람에게 정복된 것이나 같다.'라고 말했다. 자신의 삶을 지배할 권리를 남에게 넘겨준다는 것은 말도 안 되는 것이다. 상처를 받으면 분노하고 상대방의 잘못을 탓하지만, 실상 이러한 행위가 상대방에게 삶을 지배당하는 것이라고는 한 번도 생각해보지 못했다. 이제 이 사실을 알았다면 누군가에 의해 지배당할 것이 아니라 용서를 통해 나를 자유롭게 해야만 한다. 그렇게 해야 새로운 일을 시작할 수 있고 창의적인 생각도 할 수 있다.

먼저 자신을 용서하라.

용서의 대상을 외부에서만 찾지 마라. 가장 중요한 용서의 대상인 자기 자신을 먼저 용서하라. 과거로부터 온 죄책감으로 자기 자신을 학대하지 말고 스스로를 용서하라. 오래 전 직장 동료 중 한 명은 좋지 않은 일이 일어나면 모두 자신의 탓이라고 여기며 엄청난 스트레스를 받았다. 그분의 탓이 아니라고 위로해도 소용없었다. 그분은 과거에 잘못 형성된 죄책감에서 벗어나지 못하고 매사 자괴감에 빠져 스스로를 괴롭히고 있었다. 자기 자신을 용서하지 못하면 절대 자신감이 생길 수 없다. 그렇게 되면 불안한 삶을 살 수밖에 없다. 자기 자신을 진심으로 용서할 때, 비로소 자신의 자아를 일깨우고 잠재력을 맘껏 발휘할 수 있게 된다.

용서하지 않으면 계속 불안한 생각을 하게 되고, 불안한 생각을 거듭하다 보면 부정적인 시각에서 벗어날 수 없게 된다. 부정적인 사고는 영업성과를 크게 방해한다. 부정적인 사고가 행동을 제약함으로써 사람을 만나는 일이 느슨해지고, 그러면 좋은 결과를 기대하기 어렵게 된다. 영업을 성공하기 위해서라도 용서하겠다고 다짐하라!

핵심 포인트

1 │ 상처에서 벗어나 자신을 더욱 성장시키는 길은
'용서하는 마음'을 갖는 것이다.

2 │ 용서는 우리 삶에 긍정적인 에너지를 준다.

3 │ 용서하기로 마음먹었다면 누구의 말에도 흔들리지 말고
끝까지 용서를 베풀어라.

4 │ 용서를 통해 자신을 자유롭게 하라.
그래야 새로운 일을 시작할 수 있고,
창의적인 생각도 할 수 있다.

5 │ 영업을 성공하기 위해서라도 용서하겠다고 다짐하라!

모든 영업은 성공한 사람들에 의해 검증된 프로세스가 있다.
억대 연봉은 검증된 프로세스에 치밀함을 더했을 때 시작된다.

3장

100% 성공하는
영업 프로세스

BUSINESS

1

모든 사람은 가망고객이다.

"비즈니스의 참 목적은 고객을 발견하고
그것을 유지시키는 것이다."

– 시어도어 레빗

누구에게 영업할 것인가?

영업은 사람을 만나서 상품의 가치를 전달하는 일이다. 만약 영업인이 사람을 만나지 않는다면 고객에게 필요한 조언을 해줄 수 없을 뿐만 아니라 어떤 기회도 얻을 수 없다. 그래서 영업인에게 가장 중요한 프로세스는 고객 발굴에 있다. 모든 계획과 전략을 세우고 엄청난 상담 연습마저 마쳤다면 가망고객만 있으면 영업에 성공하는 것 아닌가?

영업 관리자로 있으면서 많은 영업인들이 영업에 실패하는 이유가 가망고객 발굴을 못했기 때문이라는 것을 확인할 수 있었다. 그들은 이런 말을 자주 했다. "만날 사람이 없어요. 만날 수만 있으면 상담은 진짜 잘할 수 있는데…" 이처럼 고객 발굴을 소홀히 하면 영업은 더 이상 할 수 없다. 성공하고자 한다면 고객 발굴만큼은 반드시 성실히 이행하라.

그러면 고객발굴을 어떻게 하는지 알아보자.

고객 발굴을 위해서는 자신이 현재 알고 있는 사람이 누구냐가 아니라 앞으로 누구를 대상으로 영업할 것인가를 먼저 고민해야 한다. 영업을 시작할 때 가망고객이 확보된 상태로 시작하는 행운을 가진 영업인은 극소수다. 대부분 처음으로 영업을 하는 사람들은 고객이 확보되어 있지 않으므로 먼저 가망고객 확보에 가장 주력해야 한다. 이것이 성공적인 영업의 핵심이다. 주변에 영업할 사람이 없다고 해서 낙심할 필요는 없다. 무조건 누구를 대상으로 영업할 것인가에 집중하라.

일반 직장인, 주부, 법인사업가, 자영업자, 의사, 전문 직종 종사자 등 대상자를 선별하는 것이 중요하다. 대상을 정했으면 다음으로 자신이 그들을 상담할 만큼 충분히 준비되어 있는지를 검토해 보라. 만약 부족한 부분이 있다면 연구하고 부족한 부분을 보충하라. 마지막으로 '누구에게 영업할 것인가?'를 결정할 때 대상자들이 자신의 영업 목표에 맞는지 검토해 보라. 나는 처음부터 억대 연봉을 목표로 했기 때문에 법인사업가를 대상자로 선정했다. 이미 잘 알고 있는 시장이 고객 발굴에 용이했겠지만, 한 번도 만나지 못한 사장들을 대상자로 선정했기에 조금 더 집중해서 치밀한 고객 발굴 전략을 세워야 했다.

영업 대상을 어떻게 확보할 것인가?

고객 발굴은 영업 스킬이 아니라 습관이라는 걸 명심해야 한다. 새로운 고객 발굴을 매일 신경을 쓰면서 끊임없이 움직여야 한다. 그렇다면 들어가고 싶은 시장을 과연 어떻게 확보할 수 있을까?

선정한 시장에 진입하기 위해 우선 연고시장을 파악하라. 연고시장은 가족, 친지, 지인을 포함한 나를 잘 알고 있고, 나의 성공을 응원하는 사람들이다. 또 내가 지켜주고 싶은 사람들이기도 하다. 연고시장에서 자신이 선정한 대상을 찾아라. 연고시장은 소개 확보를 목적으로 전략을 세우면 된다. 한 사람에게는 주변에 보통 100명 이상의 사람들이 연결되어 있다고 생각하고 행동하라. 이때 주의할 점은 연고시장이라고 해서 쉽게 접근하지 말고, 고객의 신뢰를 확보할 수 있는 전략을 세워서 접근해야 한다는 것이다.

다음은 영향력 있는 대상을 찾아 나서라. 예를 들어 학생들 교육 관련 영업이라면 영향력 있는 부녀회 회장을 통해서 학모들을 모아 간담회를 개최하면 가망고객 발굴을 용이하게 할 수 있다. 또 아파트 단지나 학교 앞 행사를 통해서도 영향력 있는 고객을 만날 수 있다.

가장 영향력 있는 법인대표를 확보하기 위해서는 좀 더 전략적으로 접근해야 한다. 인터넷을 활용하여 법인사업자들을 파악하고, 먼저 임팩트 있는 자기소개서와 간단한 제안서를 보내라. 제안서를 발송할 때는 대표 앞으로 해서 등기로 발송하는 전략도 효과적이다. 후에 등기 보낸 사람이라고 대표와 통화하고 싶다고 했을 때, 직접 통화할 확률이 높다. 다음으로 핵심 전략을 가지고 영업 프로세스대로 실행에 옮겨라.

이렇게 해서 한 명의 기업체 대표를 고객으로 확보하면 파생되는 여러 가지 이점이 있다. 한 개 업체에는 적어도 30명 이상의 직원들이 있고, 그 직원에게는 가정이 있기 때문에 한 업체를 고객으로 확보한다는 뜻은 곧 백 명 이상의 가망고객을 확보할 수 있다는 뜻이다. 이것은 매우 큰 장점이다.

'법인사업가들에게 필요한 정보나 자료들이 많다'는 사실을 명심하라! 반드시 알고 있어야 할 세무지식이나 노무지식, 정부 지원금 등 그들에게 실질적인 도움을 줄 수 정보나 자료는 많다. 한 명의 영향력 있는 고객에게 만족과 감동을 주면 다시 소개를 받는 선순환이 일어난다. 고객 확보를 위해 치밀한 전략을 세우고, 매일 끊임없이 활동하면 원하는 가망고객을 충분히 발굴할 수 있다.

마지막으로 한 가지 콘셉트로 접근하라. 만약 시도하고 싶은 대상이 자영업자이면 이렇게 시도해 보라. 예를 들어 자영업자의 사업장에 찾아갈 때 최저시급표를 만들어 찾아가라. 노동법상 최저시급은 해마다 바뀌는데, 최저시급을 사업장에 공시하지 않으면 벌금을 물 수 있다는 사실을 알려주는 것만으로 고객 발굴을 용이하게 만들 수 있다. 이외에도 조금만 연구하면 여러 가지 접근 콘셉트를 찾아낼 수 있다. 실제로 대상자에게 도움을 줄 수 있는 콘셉트로 고객을 발굴하라.

보험 영업 관리자로 있을 때였다. 젊은 남자 신입사원이 고객 발굴에서 전혀 갈피를 잡지 못했다. 그래서 그 신입사원과 함께 그에게 맞는 시장을 검토했다. 검토 결과 학원원장을 대상으로 영업을 하면 그가 성공할 수 있겠다는 판단이 섰다. 그래서 지역 내에 있는 모든 학원을 조사하고, 학원원장이 자리에 있을 시간을 확보해서 전략적으로 접근했다. 먼저 인사말을 쓴 DM을 보내고 가는 경우도 있고, 자료를 들고 직접 찾아가는 경우도 있었다. 어쨌든 찾아가면 일대일로 미팅할 수 있는 학원이라는 장소가 있어서 그 신입사원은 고객 발굴에 성공함으로써 영업에서도 성공할 수 있었다. 그는 본인이 목표로 했던 억대 연봉을 받게 되었다. 집중하면 충분히 고객 발굴을 할 수 있다. 고객 발굴에 강한 자신감을 가진다면 영업은 100%성공한다. 그 뒤에 전략을 세우고 성실히 행동하면 되기 때문이다.

고객이 원하는 것이 무엇인가?

가망고객을 확보했으면 가망고객의 직업을 분석하라. 그들에게 도움을 줄 수 있는 정보와 자료를 연구하라. 접근하려고 하는 시장에서 원하는 것이 무엇인지, 실제 어떤 도움을 줬을 때 만족감을 느낄 수 있는지에 대해 철저히 분석해서 다가가야 한다. 예를 들어 그 고객에게 맞는 세법 등 고객에게 영향을 줄 수 있는 모든 것들을 연구하라. 또한 고객의 성향이 어떠한지를 파악해야 한다.

그런 다음 고객을 분류해야 한다. 잠재고객인지, 가망고객인지, 앞으로 고객이 될 것인지, 더 나아가 협력자가 될 것인지에 대한 분류를 꼼꼼하게 해야 한다. 잠재고객이란 여러 가지 이유로 접근하기가 힘든 사람이고, 가망고객이란 고객으로 계약할 수 있는 여러 가능성을 보유하고 있는 사람이다. 새로운 가망고객 발굴의 원천이기도 하다. 영업을 하다 보면 첫 만남에서 고객이 되는 행운도 가끔 있다. 그럴 때는 더욱 각별히 신경을 써서 만족도를 높여 주고, 앞으로 소개를 받아 낼 수 있는 협력자로 만들기 위해 노력하라. 가망고객 발굴에 많은 도움이 될 수 있다. 이렇게 분류를 해야 효율적으로 일할 수 있다. 현실적으로 확률이 높은 사람을 먼저 선별하여 집중하라.

가망고객 100명을 확보하라.

가망고객을 확보하지 못하면 지속적으로 성공하기 어렵다. 그러므로 처음부터 고객 발굴 시스템을 만들어 습관화해야 한다. 반드시 가망고객 100명을 확보하라! 그리고 가망고객 100명을 계속 유지시켜라!

'개척영업이 어렵다'는 인식은 버려라. 개척은 매우 희망적이며 효율적인 방법이다.

어떤 특정한 시장에 도움을 줄 수 있는 여러 정보들을 찾고 자료화시켜 놓으면 세미나 마케팅도 가능하다. 주로 사업장은 단체를 관할하는 조합장이 있다. 조합장을 상대로 실제로 도움이 될 좋은 제안을 하면, 세미나 마케팅을 진행해 충분히 많은 고객을 쉽게 발굴할 수 있다. 여러 동호회나 온라인 활동들도 있다. 이렇듯 요즘 고객 발굴 시장은 엄청나게 확대되어 있다. 막연히 어렵다고, 또는 갈 데가 없다고 말하지 말고 '모든 사람이 내 가망고객이다'는 긍정적인 생각으로 본인이 원하는 시장을 어떻게 확보해 들어갈 것인가를 집중적으로 파헤쳐라! 가망고객 100명을 유지시키는 일은 반드시 가능하며 노력한 만큼 얻어 낼 수 있다. 안 되는 것이 없고, 모든 것은 치밀한 전략을 세워서 행동하면 된다고 믿어라.

"실패에서 성공으로"의 저자 프랭크 배트거는 가망고객 발굴의 중요성을 이렇게 강조했다.

'가능한 해결책은 무엇인가? 해답을 찾기 위해 나는 지난 12개월 간의 기록을 꺼내 연구했다. 나는 놀라운 사실을 발견했다. 세일즈의 70%가 첫 번째 인터뷰에서 이루어졌다. 23%는 두 번째 인터뷰에서 이루어졌다. 단 7%만이 세 번째, 네 번째, 다섯 번째 이상의 인터뷰에서 이루어졌다. 다시 말해 나는 단 7%의 고객에게 내 근무시간의 절반을 소모하고 있었던 것이다. 대답은 명료했다. 나는 즉시 두 번째 인터뷰 이상의 모든 방문을 중단하고 새로운 가망고객을 찾는데 시간을 보냈다. 결과는 믿을 수 없을 만큼 대단한 것이었다. 곧 나의 매 방문 당 수입은 2달러 80센터에서 4달러 27센트로 향상되었다."

가망고객 발굴은 매일 일어나서 세수하고 밥 먹듯이 꾸준하게 해야만 하는 일이다. 아무리 바쁘고, 아무리 일이 많더라도 가망고객 발굴만큼은 매일 할 수 있는 시스템을 만들어라. 습관을 뛰어넘어 본능적으로 가망고객 발굴을 위해 행동하라! 그러면 지치지 않고 반드시 성공할 것이다.

핵심 포인트

1 고객 발굴은 영업 스킬이 아니라 습관이라는 것을 명심하라.

2 주변에 누가 있는지를 생각하지 말고,
누구에게 영업할 것인가를 먼저 생각하라.

3 치밀한 전략을 세워서 행동하면 개척으로
고객을 발굴하는 것은 충분히 할 수 있다.

4 가망고객 대상이 확보되면 그들의 직업을 분석하여
도움을 줄 수 있는 정보와 자료를 연구하라.
그리고 실제적인 도움을 주어야 한다.

5 영업을 시작할 때부터 고객 발굴을 통해 반드시
가망고객 100명을 확보하라! 그리고 그것을 계속 유지시켜라!

6 가망고객 발굴은 습관을 뛰어넘어 본능적으로 해야 한다.
그러면 지치지 않고 반드시 성공한다.

2

전화 약속을 매일 열 명 이상 하라.

"세상에는 뛰어난 이념이란 없다
성실한 결과만 있을 뿐이다."

– 알리바바 마윈

판매하지 말고 면담 약속을 잡아라.

전화 접근, 드디어 영업의 시작이다. 대면하는 영업이면 전화로 판매하지 말고, 면담 약속을 잡는데 집중하라. 고객과 처음으로 대화를 시도하는 전화에서 고객과의 면담 가능성을 높여야 한다. 그렇게 하려면 고객에게 방문 목적에 대해 임팩트 있게 전달하고, 만나고 싶도록 호감을 불러일으켜야 한다. 고객의 스케줄에 대해 배려하면서 약속을 잡고 짧은 대화지만 전문가다운 이미지를 전달하도록 하라. 가망고객의 유형에 따라 강력한 메시지를 미리 준비해서 전해야 한다. 예를 들어 '당신에게 꼭 맞는 특별한 플랜이 있으니 제가 직접 만나서 도움을 주겠다.'라는 강력한 메시지를 전해서 약속을 잡아야 한다. 전화 약속은 30초 이내에 성공이 결정된다고 볼 수 있다. 그러므로 더욱 간결하게 말하고, 모든 것이 준비된 상태에서 열정적인 목소리로 말하는 것이 중요하다. 현장에서의 효율적인 시간 관리를 위해 갑작스러운 면담 취소나 대기시간이 너무 길어지지 않도록 약속을 잡아라. 그리고 고객별로 적당한 전화 접근 시간대를 고려해서 전화하도록 하라.

전화 접근을 매일 열 명 이상 하라.

영업을 처음 시작할 때부터 매일 반드시 10명 이상에게 전화 접근을 시도하겠다고 맹세하라. 그 약속을 지켜내지 않으면 다음은 없다. 모든 프로세스를 제대로 해내기 위해서라도 첫 관문을 이행해야만 한다. 전화 약속을 잡기 위해서 사전에 준비해야 할 사항들을 살펴보도록 하자. 가장 먼저 챙겨야 할 준비물은 100명의 가망고객 리스트, 달력, 주간활동 계획표, 물, 거울 등이다. 영업인 스스로 끊임없이 연습하여 열정과 자신감을 가지고 시도해야 한다. 연습했던 스크립트와 거절처리 스크립트도 준비하고, 보이지 않더라도 미소를 짓고 하도록 하라.

전화 접근을 시스템화 하라.

매일 전화 접근을 시도하기 위해서는 일을 시스템화 하는 것이 도움이 된다. 시스템화 하는 데 몇 가지 요령이 있다.

첫째, 매일 정해진 시간에 하라. 시간 날 때 하겠다는 생각으로는 절대로 매일 전화 접근을 하고 약속을 잡을 수 없다. 경험상 그렇다. 오전 미팅을 마치고 나서 하든지 아니면 활동을 마치고 난 후 오후에 시간을 정해서 전화 약속을 잡도록 하라. 둘째, 혼자 집중해서 전화할 수 있는 조용한 장소를 찾아라. 처음에는 전화하는 자체가 긴장되기 때문에 조용하게 집중할 수 있는 장소가 필요하다. 셋째, 전화로는 절대로 상품의 대한 이야기를 하지 말고, 면담 약속을 잡는 데 집중하라. 전화 통화를 하다 보면 고객의 질문에 다급하게 답변하다가 상품 이야기가 나올 수 있다. 이런 상황을 특히 조심해야 한다. 넷째, 거절당할 때도 항상 긍정적인 태도로 준비한 거절처리를 하라. 매일 전화 통화를 하다 보면 고객들의 공통적인 거절 내용이 나온다. 그것을 파악하여 거절 스크립트를 수정, 보완해가면 완성도 높은 스크립트를 확보할 수 있다. 다섯째, 약속을 잡으면 감사 표현을 하고 상대가 먼저 전화를 끊을 때까지 기다린다. 마지막으로 면담 약속을 기록하고, 고객에게 확인 문자를 발송한다. 이렇게 매일 고객과 전화로 약속을 잡으면 고객의 반응에 대해서 주도적으로 대응할 수 있게 되고, 거절처리도 잘할 수 있게 된다. 매일 하면 습관이 되고, 그러면 자신감과 적극성이 길러진다.

실제로 도움이 되는 전화를 하라.

사전에 충분히 공부하여 누구를 만나더라도 도움을 줄 수 있다는 자신감이 있다면 어떻겠는가? 전화할 때 저절로 열정이 나올 것이다. 그러므로 이러한 준비가 기본이 된 상태로 전화 약속을 실시하라. 그럼 전화 약속을 잡을 때 어떻게 해야 하는지를 살펴보자.

먼저 경쾌한 목소리로 자신 있게 자기소개를 시작하라. 처음 느낌이 좋으면 끝까지 좋은 분위기로 진행되므로 첫 인사 30초가 가장 중요하다. 호감 있게 자기소개가 끝나면 상대를 어떻게 알고 전화하게 되었는지 설명하라. 소개자의 영향을 강조하면 좋다. 그러면 상대의 거부감을 줄이고 호기심을 자극할 수 있다.

예를 들어 "김다정 과장님 맞으시죠? 저는 이고은 부장님 소개로 전화 드린 나 진실 FC라고 합니다. 이고은 부장님께서 제 도움에 굉장히 만족을 허셔서, 김다정 과장님을 소개해 주셨는데요, 과장님께서 유능하시다고 칭찬을 많이 하셨어요. 혹시 부장님께 저에 대해서 이야기를 들으셨습니까?" 이렇게 소개자에 영향을 강조하면 약속 잡기가 용이하다.

다음은 전화한 목적에 대해서 임팩트 있게 말해야 한다. "다름이 아니라 과장님과 가정에 특별히 도움이 되는 정보를 드리려고 전화 드렸습니다." 이렇게 전화하는 목적이 도움이 되는 정보 전달이라는 점을 명확히 하라. 고객은 통화를 하면서 계속 판단을 하고 있기 때문에 짧은 시간 내에 만남이 고객에게 이익이 될 것이라는 확신을 심어주는 것이 중요하다. 이렇게 전화의 목적에 대해서 말하면 당연히 거절처리가 나오게 되어 있다.

다음으로 거절처리에 대한 예를 살펴보자.

"과장님, 도움이 될지 안 될지는 저를 만나보고 판단하셔도 됩니다. 소개해 주신 이고은 부장님도 처음에는 굉장히 부담스러워 하셨지만, 저를 만나 보시고는 상당히 도움이 되셨다고 하시면서 과장님을 소개시켜 주셨습니다. 꼭 만나서 도움을 주라고도 당부하셨습니다. 과장님 수요일 오전이 좋을까요? 목요일 오후가 좋을까요?" 거절처리에 대한 부분은 매일 전화 상담을 하다보면, 능숙하게 응대할 수 있게 된다. 능숙하게 될 때까지 계속 시도하라. 거절처리의 기본은 거절을 긍정적으로 받아들이고, 상대에게 공감하면서 모든 결정은 고객이 하면 된다는 것을 강조하여 부담감을 해소시키는 것이다. 고객은 기본적으로 여러 번 거절을 한다는 것을 기억하라.

대표적인 거절처리 화법에 대해서 살펴보자.

"보험이 많이 가입되어 있습니다."

"네. 정말 잘하셨습니다. 과장님께서 가족들을 위해 미래에 대해 잘 준비해 놓으셨는데, 그것이 합리적인 것인지 제가 도움을 드리겠습니다. 소개해 주신 분도 이런 점에서 실제로 혜택을 드렸고, 보험금을 찾아드리기도 했습니다. 이 분야에 대해서는 제가 전문가이므로 찾아뵙고 도움을 드리도록 하겠습니다."

"우편이나 이메일로 자료를 보내주세요."

"네 과장님, 물론 그렇게 할 수도 있습니다. 그러나 제가 과장님께 도움을 드리려고 하는 내용은 과장님과의 상담을 통해서만 도움을 드릴 수 있는 특별한 내용입니다. 바쁘시더라도 제게 10분만 시간을 내주시면 직접 찾아뵙고 도움을 드리겠습니다."

"보험회사에 아는 사람이 많이 있습니다."

"아! 네. 그러시군요. 저도 주변에 많은 분들이 계시는데요, 그런데 과장님, 저는 이 분야에 특별한 노하우를 가지고 있는 전문가입니다. 소개해 주신 이고은 부장님도 보험 회사에 아는 분들이 많이 계시지만 저에게 도움을 받으시고 굉장히 만족해 하셨습니다. 과장님을 직접 찾아뵙고, 특별한 도움을 드리도록 하겠습니다. 굳이 보험이 아니더라도 한번 찾아뵙고 인사드리겠습니다."

고객이 상담을 거절하는 이유는 상담에 대한 선입견 때문이다. 또는 현 상태를 개선할 생각을 해본 적이 없고, 그것이 얼마나 중요한지를 모르고 있기 때문이다. 그렇기 때문에 현 상태 만족하고 있다. 또 영업당하는 것에 대한 거부감도 있다.

거절을 당연한 것이라고 생각하라. 그리고 고객을 위해서라도 확신을 가지고 적극적으로 대처하라. 매일 열 명 이상에게 전화하겠다는 자신과의 약속을 실천함으로써 본격적인 영업 활동을 시작해야 한다. 영업의 시작인 전화에서 성공하라.

핵심 포인트

1 전화 상담에서는 판매하려 하지 말고 약속 잡는데 집중하라.

2 전화 약속은 30초 이내에 성공이 결정된다.
간결하게 말하라.

3 매일 반드시 열 명 이상 전화 약속을 시도하라.
그것을 시스템화 하라.

4 실제로 도움이 될 수 있도록 준비한 후 전화하라.

5 거절은 당연한 것이다.
고객을 위해서라도 확신을 가지고 적극적으로 거절에 대처하라.

3

초회 면담 이렇게 하면 성공한다.

"이 세상에서 가장 중요한 시간은 현재이고,
이 세상에서 가장 중요한 사람은 지금 내가 마주하는 사람이며,
이 세상에서 가장 중요한 일은
지금 내 곁에 있는 사람에게 선을 행하는 일이다."

– 레프 톨스토이

고객은 초회 면담에서 결정된다.

  영업에서 가장 결정적인 순간은 초회 면담이다. 초회 면담에서 영업인의 이미지가 전부 결정되기 때문이다. 그렇다면 초회 면담을 위해 어떤 준비가 필요할까?

  영업의 목적은 실제로 고객에게 도움을 드리고 그럼으로써 고객을 확보하는 것이다. 먼저 엄청난 연습으로 자신감 있고 전문가다운 모습을 갖추고 면담을 시작하라. 최소 30분 전에 상담 장소에 도착해서 차분히 상담을 준비하라. 상담할 수 있는 장소와 시간을 확보하는 것이 중요하다. 만약 상담할 장소가 좋지 않다면, 양해를 구하고 자리를 옮겨서 상담을 하는 것이 좋다. 앞서 말한 '메라비언의 법칙'에 의하면 대화를 통해 상대방에게 호감을 느끼는 데 말의 내용보다 말하는 태도, 표정, 목소리가 93%이상의 영향을 준다. 그렇다면 과연 어떻게 상담을 진행해야 하는가?

  고객에게 먼저 호의를 가져라. 첫 대면에서 고객이 영업인에게 호의를 가져야 하는데, 이를 위해 영업인이 먼저 고객에게 호의를 가져야 한다. 고객에게 미소로 다가가서 따뜻하고 다정한 목소리로 상담을 시작해야 한다. 초회 면담에서 바로 영업을 해야겠다는 지나친 욕심은 빨리 버려라.

  초회 면담에서는 방문 목적을 간단하게 말한 후 질문을 하라. 질문을 해야만 고객의 욕구가 무엇인지 알 수 있다. 질문은 일에 대한 질문과 개인과 가정에 대한 질문으로 나누고, 현재 상황과 과거와 미래, 그리고 개선을 원하는 사항에 대해 적절히 질문하면 된다.

그리고 경청하면서 고객의 대답에 공감하라. 공감하는 방법은 눈을 맞추고 고개를 끄덕이면서 맞장구를 치는 것이다. "네, 맞습니다. 충분히 이해합니다."라고 맞장구를 치면서 고객의 대답에 칭찬을 하고, 고객의 이야기를 끝까지 경청한다. 고객의 이야기에 공감을 하다가 자신의 경험도 나누면 관계가 친밀해진다. 서로 공감하면서 소통이 되면 마치 친구가 된 듯 편안한 기분이 들 것이다. 그때 고객과 영업인이 서로 도움을 주고 싶은 순수한 마음이 생기는 것이다.

고객이 말하게 하라.

성공하는 사람은 상대방의 필요를 정확하게 예측하고, 그것을 해결해 줄 능력이 있는 사람이다. 초회 면담에서 영업인이 주의해야 할 점은 절대로 일방적으로 상품 설명을 하지 말라는 것이다. 그러면 오히려 마음의 문이 닫힌다. 절대 영업인이 말을 많이 하지 말아야 한다. 고객을 진심으로 돕기 위해서는 고객의 필요가 무엇인지에 귀를 기울여야 한다. 그러기 위해서 질문으로 면담을 시작해야 한다. 다음 초회 면담 사례를 살펴보자.

"대표님, 바쁘신 와중에도 이렇게 시간을 내주셔서 감사합니다. 들어오면서 보니 직원들이 정말 열심히 일을 하고 있던데요. 이 회사를 언제부터 시작하셨습니까?"

"아, 우리 큰 아들 놓고 나서 시작했으니까 한 15년 정도 됐네요."

"아, 정말 대단하시네요. 10년 이상 법인을 운영하시기 어려우셨을 텐데. 대표님, 어떻게 일을 시작하게 되셨습니까?"

"음, 아주 오래전 일인데요, 저는 공고를 나와서 일찍 취업을 했죠. 집이 시골이라 부모님 생활비를 드려야 했기 때문에 밤낮 가리지 않고 열심히 일을 했습니다. 다행히 회사 사장님이 좋은 분이어서 나만 열심히 하면 나중에 독립해서 회사를 만들 수 있을 거라고 격려해 주셨고, 저는 그런 꿈을 꾸면서 일만 죽어라고 했어요. 다행히 다른 직원들보다 기술이 좋아서 인정을 받았죠. 나이 서른이 되어서 같은 일을 하는 아내를 만나 결혼하면서 독립을 하게 됐죠. 처음에는 직원들 없이 아내와 둘이서 시작했어요. 정말 열심히 일해서 잘되는 듯 했는데 금융 위기가 와서 엄청나게 고생을 했어요. 부도를 맞은 적도 있고요, 그런 고생을 하면서 여기까지 왔네요."

이렇듯 내가 던진 질문에 대표는 진지하게 과거를 회상하면서 많은 이야기를 들려주었다. 주로 힘들고 어려웠던 이야기를 하셨고, 그런 시간을 지나온 걸 자랑스러워하셨다. 이어서 내가 질문했다.

"대표님, 열심히 살아온 인생 이야기를 들으니 정말 감동스럽습니다. 제가 진심으로 도움을 드리고 싶습니다. 지금 회사의 현 상황은 어떻습니까?"

"그야 뭐, 여전히 경기가 좋지 않아서 어렵죠. 예전이나 지금이나 저는 그냥 열심히 일만 합니다."

"네, 대표님이 열심히 일하시니까 직원들도 자기 일처럼 열심히 일하나 봅니다. 그런데 세월이 흘러가는데 계속 이렇게 열심히 일만 할 수는 없지 않겠습니까? 대표님은 살면서 가장 행복했던 순간이 언제입니까?"

"일만 하느라고 행복한 순간은 잘 생각이 안 나는데… 음…, 우리 아들 태어난 때였죠."

이 질문을 통해서 대표의 사랑하는 두 아들과 아내에 대한 이야기를 듣게 되었다. 결국 대표의 꿈과 희망은 두 아들이 하고 싶은 공부를 마치게 하는 것과 아내와 행복한 노후를 보내는 것이었다.

위 사례는 초회 면담에서 질문을 통해 감동받으면서 들은 이야기다. 나는 그 대표의 노고에 '진심으로 도움을 드려야하겠다'는 마음가짐이 생겼다.

고객의 현 상황과 정확한 욕구를 파악하라.

초회 면담에서 고객의 욕구에 귀를 기울여 경청함으로써 도움을 줄 수 있는 부분을 정확하게 예측해야 한다. 그러려면 고객의 재무적 상황과 비재무적 상황에 대해 파악해야 한다. 먼저 가족 사항에 대해서 구체적으로 파악하라. 상담의 키포인트는 '고객이 누구를 가장 사랑하고 있는가?'를 파악하는 것이다. 그리고 '원하는 방향이 무엇인가?'이다. 또 현재의 재무적 상황을 알기 위해서 현재 소득과 현금흐름, 재정상태, 가지고 있는 금융상품 등을 파악해야 한다. 이어서 현재 가장 시급하게 해결해야 할 사항까지 파악해야 한다. 다음으로 비재무적인 상황으로는 건강상태나 가치관, 자녀관에 대해서 알아보는 것이다. 미래 부부의 희망 사항은 무엇인지, 어떤 미래를 희망하는지 등 고객의 꿈을 파악하고 있어야 한다. 이러한 정보들은 양식지를 활용하여 고객 관리 서류로 만들어 잘 보관해야 한다.

상담을 진행하면서 고객이 영업인을 어떻게 생각하고 있는지에 대해 파악하는 것도 중요하다. 초회 면담을 통해서 고객의 재정적인 욕구를 발견하고 현재 상태를 평가해서 미래에 대해 준비하도록 도와야 한다. 비재무적인 부분, 즉 가정의 꿈이나 목표, 희망에 대해서도 수치화해서 그것을 이루기 위해 어떤 준비가 필요한지에 대해 인식하도록 소통해야 한다.

상담을 마무리 하면서 고객이 바라는 인생관과 가치관을 고려해 다음 프레젠테이션을 기대하게끔 하라. 고객과 영업인이 충분히 소통하고 공감하면 고객의 현 상황과 욕구를 충분히 파악할 수 있다.

다음 방문을 기대하게 하라.

초회 면담을 통해서 고객에게 호감을 주고 신뢰를 확보한 영업인은 자연스럽게 다음 약속을 잡을 수 있다. 반드시 고객을 위한 맞춤 해결책을 약속하는 말을 해야 한다. 또한 다음 방문은 고객이 원하는 해결책을 가지고 올 거라는 강한 메시지를 전달해야 한다. 그래야 서로 계약할 준비가 되는 것이다. 이때 확인해야 할 사항은 중요한 결정을 본인 스스로 할 수 있는지에 대해 확인하는 것이다. 보통 상담은 부부를 대상으로 하면 효과가 좋기 때문에 다음 만남 때 부부가 함께 상담에 참여할 수 있는지도 다시 한 번 확인하는 것이 좋다. 상담을 통해서 충분히 친밀한 관계가 되었기 때문에 마지막으로 다음 약속을 잡을 때는 이와 같은 질문을 당당히 던져라.

"대표님, 제가 대표님이 원하시는 해결책을 어떤 마음가짐으로 준비해 오겠습니까?"

"네. 맞습니다. 진심으로 대표님의 인생에 도움이 될 수 있도록 가족과 같은 마음으로 제가 충분히 고민해서 준비하겠습니다."

"제가 대표님에게 적합한 해결책을 가지고 온다면 대표님께서는 실행에 옮길 생각이 있으십니까?"라고 진심으로 고객을 위하는 마음으로 당당히 말하라.

핵심 포인트

1 최소 30분 전에 먼저 도착해서 준비하고
상담할 시간과 공간을 확보하라.

2 성공하는 사람은 상대방의 필요를 정확하게 예측하고,
그것을 해결해 줄 능력이 있는 사람이다.

3 고객의 현 상황과 정확한 욕구를 파악하라.

4 고객의 재무적 사항과 비재무적 사항을 모두 파악하라.

5 "제가 대표님에게 적합한 해결책을 가지고 온다면
대표님께서는 실행에 옮길 생각이 있으십니까?"라고
고객을 위하는 마음으로 당당히 말하라.

4

거절은 당연하다.

"장애물이 클수록 그것을 극복한 영광이 크다."

– 몰리에르

고객의 거절은 당연하다.

사실 거절을 거절이라고 보지 않는 것이 좋다. 고객은 우리에게 더 많은 정보가 필요하다고 이야기하는 것이다. 또 우리에게 더 많은 이야기를 해달라고 요구하는 것이다. 고객은 자신도 잘 알지 못하는 욕구가 있다. 우리는 가망고객의 진정한 욕구와 질문이 무엇인지를 함께 찾고, 그것을 해결하도록 돕는 일을 하는 사람이다.

다음 몇 가지의 대표적인 거절 화법을 살펴보도록 하자.

"제 아내와 상의해보겠습니다."

고객이 제안서까지 모두 만족했지만 클로징을 앞두고 "아내에게 상의해야 된다."고 미루는 경우다.

> "네, 부인과 상의를 하신다니 정말 좋은 생각입니다. 당연히 그렇게 하셔야죠. 고객님의 미래와 가족의 행복이 달려 있으니까 당연히 상의를 하셔야 할 겁니다. 그런데 고객님, 고객님께서 플랜을 마음에 들어 하시고 선물하는 대상이 바로 아내와 자녀입니다. 고객님께 위험한 일이 생겼을 때를 대비해서 아내와 자녀를 위해서 준비한 선물인데, 아내에게 직접 설명 드리기가 쉽지 않을 거라고 생각합니다. 사모님과 자녀가 받으실 혜택이 무엇인지 제가 직접 찾아뵙고, 말씀드리는 것이 이해하기 좋으실

것 같습니다. 고객님도 몇 번의 상담을 통해서 이해하시고, 마음에 들어 하셨듯이 제가 사모님과 고객님을 위해 좀 더 만족할 상담을 드리도록 노력하겠습니다."

이렇듯 최상의 상담은 가족 단위의 상담이라고 볼 수 있다. 처음부터 부부 상담을 했다면 좋았겠지만, 그렇지 않더라도 최종 클로징을 할 때 아내와 상의해야 된다는 거절을 오히려 긍정적으로 해석해서 좀 더 완벽한 상담을 하도록 하라.

"돈의 여유가 없어요."

많은 가망고객들은 보험이 비싸다고 생각하며 돈이 나가는 것에 대해 아깝게 생각한다. 그때 보험이 비싼 것이 아니라, 그 사람의 가정과 생명이 더 소중하다는 것을 일깨워 줄 필요가 있다. '돈의 여유가 없다.'라는 거절을 들을 때 고객의 가정을 위해서 더욱 진심으로 최소한의 준비를 할 수 있도록 상담해 주어야 한다. 돈이 없는 상태에서 만일 가족 중 한명이 위험에 빠질 경우, 그 가정은 경제적 파탄에 이르기 쉽다. 그러므로 돈이 없을 경우에는 최소한의 보험료로 최대한의 보장을 받을 수 있는 플랜을 세워 사명감을 가지고 전해야한다.

"네, 고객님 충분히 이해합니다. 요즘처럼 경기가 나쁠 때 돈을 버는 게 얼마나 힘이 들겠습니까? 그런데 만일 현재 고객님의 수입이 적어져도 심각한 문제가 발생하는데, 갑자기 수입이 없는 상태가 된다면 가족들이 그 생활비를 과연 어디에서 마련할 수 있겠습니까? 지금 당장의 보험료가 문제가 아니라, 앞으로 벌어질 수 있는 문제에 대한 해결책을 세워야 한다고 생각합니다. 고객님께서 지금 가입하는 보험은 얘기하신 것처럼 형편이 안 되기 때문에 더욱 가입해 두셔야 합니다. 여유가 있어서 가입하는 것이 아니라 여유가 없기 때문에 고객님의 가족에게 절실히 필요한 상품이라고 할 수 있습니다. 보험료를 낸다고 해서 가정에 큰 영향을 미친다고는 생각하지 않습니다. 하지만 보험을 가입해 두면 위험이 닥쳐도 고객님의 가정을 지킬 수 있습니다. 가장으로서 아내와 자녀를 위한 최소한의 준비입니다."

"이미 가입한 보험이 많습니다."

고객은 전문가가 아니기 때문에, 이미 가입한 여러 보험이 합리적인지 판단하기가 쉽지 않다. 그리고 앞으로 무엇을 더 준비해야 하는지도 판단하기 어렵다. 그래서 기존 보험이 다양하게 많을 경우에는 좀 더 전문성을 갖추고 상담에 임해야 한다.

"네. 고객님, 미리 잘 준비해 놓으셨습니다. 꾸준하게 납입을 하고 계시다면 위험에 빠졌을 때, 보장을 잘 받으실 수 있도록 제가 도와드리도록 하겠습니다. 앞으로 보험 관련해서 도와드릴 부분이 많다고 판단되고, 제가 이 분야의 전문가입니다. 지금 제안 드리는 것은 고객님이 기존에 가지고 있지 않은, 하지만 고객님의 인생에서 가장 중요한 플랜입니다. 고객님의 소득이 없어졌을 경우에 지금 소득의 30%로는 도저히 생활할 수가 없습니다. 이는 분석을 통해서 나온 결과이므로 거기에 따른 최소한의 준비를 지금부터 해야 된다고 판단됩니다. 상담 중에 고객님께서 원하셨던 소득 수준으로 플랜을 세웠습니다. 현 상황에서 반드시 변화가 필요하다고 말씀하셔서 세운 플랜입니다. 지금까지 그 누구보다 열심히 사셨기 때문에 고객님의 앞으로의 삶을 위해 이정도의 준비는 반드시 필요합니다."

특히 기존의 상품으로 많은 부담감을 가지고 있는 고객에게는 전문가로서 충분한 검토와 분석을 통해서 말끔한 정리정돈을 해주는 것이 고객을 도와주는 것이다. 평균수명이 늘어나면서 새롭게 준비해야 할 플랜을 고객이 공감할 수 있도록 제시해야 한다.

"나중에 천천히 생각해 보겠습니다."

막상 계약을 하려니, 막연히 좀 미루고 싶은 생각이 들 수 있다, 이런 순간일수록 영업인은 더욱 열정적으로 그 순간에 충실해야 한다. 왜냐하면 시간 낭비할 필요 없이 결정을 하는 것이 서로를 돕는 일이기 때문이다. 특히나 위험을 대비하는 상품은 필요하다고 생각하고 실행에 옮길 의사가 있을 때, 곧 바로 클로징 하도록 해야 한다. 막연한 미루는 것은 또 다른 피해를 유발할 수 있으므로 최선을 다해 상담해야 한다.

"네, 맞습니다. 고객님, 중요한 부분이기 때문에 충분히 생각해 보아야 합니다. 이미 고객님과 미팅을 두 차례 진행하면서 고객님께서는 충분히 생각할 시간을 가지셨습니다. 오늘 이 플랜을 제시를 할 때, 공감하셨고 필요성에 대해서도 확인하셨습니다. 그럼에도 불구하고 다시 생각을 해봐야겠다는 말씀은, 물론 시간을 드릴 수는 있지만, 무의미 하다고 생각합니다. 대부분의 고객님들이 제가 이 자리를 떠나면 일상으로 돌아가서 바쁘게 일하시기 때문에 생각할 여유를 가지기가 어렵습니다. 저는 또 다시 다른 고객님들을 만나서 그 고객님을 위해 애쓰고 집중해 드리면 되지만, 고객님만을 위해 도와드릴 수 있는 시간은 이 시간밖에 없습니다. 집중력은 당연히 흐트러집니다. 지금 고객님께서 필요하다 하시면 고객님의 보장을 만들어 드리는 것이 제가 가장 고객님을 도울 수 있는 방법이라고 생각합니다. 또 제가 이렇게 생각하게 된 이유는 제안할 때 결정짓도록 하지 못해서 피해를 보신 고객님들도 많이 계셨기 때문입니다. 그때부터 더욱 늦추지 말고 고객님 걸로 만들어 드리는 것에 집중하고 있습니다. 지금 생각해 봐야할 사항은 고객님께 '필요한가? 그렇지 않은가?'에 대한 판단입니다. 지금 생각해 보십시오."

"계속 사업하면서 일하면 됩니다."

고객이 현재 건강하고, 일이 잘되기 때문에 '앞으로도 계속 이렇게 살면 된다.'라고 생각하고 거절할 때는 임팩트 있는 질문을 통해서 고객이 스스로 깨닫게 하라. 사람은 누구나 행복하게 살기를 원한다. 그래서 '지금 건강하고 아무 일이 없으면 앞으로도 계속 그럴 수 있다'는 착각을 하기 쉽다. 그럴수록 더욱 '사람이기 때문에 어떠한 위험에도 빠질 수 있다.'는 사실에 중점을 두고 마음 터놓고 상담하라.

"네, 대표님 맞습니다. 지금처럼 계속 사업이 잘되고, 또한 일을 계속하시면 미래에 대한 대비를 하실 필요가 없습니다. 그러나 대표님 지금까지 사업하시면서 위험에 빠진 적이 한두 번이 아니라고 하신 말씀 기억하십니까? 제가 한 가지 질문하겠습니다.

대표님께서 앞으로 사시는 동안 '어떤 질병도 없고, 사고도 없이 계속 잘 살아갈 수 있다'라고 장담하실 수 있습니까? 대표님 더 이상 사업을 하고 싶지 않거나, 사업을 운영할 수 없다면 어떻게 되길 원하십니까? 만약 대표님께서 사업에서 손을 떼시면, 현재 자금을 대출한 은행에서 돈을 회수하려고 할 겁니다. 이 어려운 시기에 수많은 불안 요소와 직면할 수 있습니다."

앞서 영업의 본질은 '사람을 진심으로 돕는 일이다'라는 사실을 명확히 해 두었다. 상품의 가치를 전달하다 보면 수많은 거절을 만날 수 있다. 그러나 고객에게 필요한 욕구를 찾아내고, 제시하였다면 그 혜택을 누릴 수 있도록 마지막까지 적극적으로 고객을 상담하라. 그 것이 그 사람을 최선을 다해 돕는 일이다.

핵심 포인트

1 | 고객의 거절은 좀 더 많은 정보와
이야기를 해 달라는 요청이다.

2 | 거절하는 이유를 긍정적으로 해석해서
다시 가입해야 할 이유를 설명하라.

3 | 전문가로서 충분히 검토하고 분석해서
말끔하게 정리정돈 해주라

4 | 현재 고객이 필요하다고 판단한 것을
자기 것으로 만들 수 있도록 적극적으로 도와주라.

5 | '사람을 진심으로 돕는다.'라는 일의 본질을
다시 한 번 생각하고 상품의 가치로 다가서면
수많은 거절을 막아낼 수 있다.

5

손 편지로 고객 마음을 사라.

"스스로 행복한 사람만이
다른 사람을 행복하게 만든다."

– 헨리 해즐릿

손 편지는 사람의 마음을 사는 위력이 있다.

요즘처럼 스마트폰이나 SNS로 편리하고 빠르게 소통하는 시대에 손 편지는 '아니다'라고 말할 수 있다. 어쩌면 손 편지를 굳이 쓰지 않아도 영업에 크게 지장이 없을 수도 있다. 그러나 오래 전 나는 사업을 하면서 보험사에 갓 입사한 후배의 정성 어린 편지를 받고 그녀의 진심을 느낄 수 있었고, 그 열정에 감동받아 '빨리 도와줘야 되겠다.'는 생각으로 보험을 가입한 적이 있다. 그날 이후 후배에게 많은 사람을 소개해 주기도 했다. 바로 그녀가 나에게 보낸 진심어린 손 편지 한 통 때문이었다. 그때 나는 손 편지의 위력을 알게 되었고, 그 어떤 수단보다 손 편지가 진심을 전하기에 적합하다는 사실을 깨닫게 되었다. 그래서 손 편지 쓰는 것을 습관화했다. 늘 바빠서 못 챙기는 가족에게도 손 편지를 자주 쓰고, 영업 활동에도 적극 활용하였다.

영업인이 손 편지를 써야 하는 이유는 무엇일까? 그것은 바로 계약의 기회를 만들어 주기 때문이다. 영업인은 고객이 상품을 필요로 하는 순간이 언제인지 모른다. 그런데 안부의 손 편지를 보내면 고객은 언제든 기분 좋게 받을 수 있고, 상품의 필요성을 다시 생각할 수 있다. 무엇을 하는 사람인지 고객이 정확히 알고 있으므로 '고객이 필요하다'고 생각될 때, 편지 한 통으로 기존의 경쟁자들을 제치고 기회를 얻을 수 있다. 손 편지는 그만큼 신뢰감을 주는, 희소성 있는 전략이다. 특히 보험이라는 눈에 보이지 않는 상품을 영업할 때는 고객에게 특별한 감동을 주어야 한다. 사실 영업은 고객에게 심장을 뛰게 할 만한 메시지를 전달하지 못하면 어렵다. 손 편지는 감동을 주고 진심 어린 마음을 담아내기에 유용하다.

나만의 차별화 전략을 세워라.

보험 회사에 입사한 처음부터 손 편지는 나만의 차별화 전략이었다. 나는 손 편지의 위력을 경험으로 알고 있었기에 모든 영업 프로세스 활동에서 큰 효과를 보았다.

실제 프로세스별로 손 편지 사례를 보자.

고객을 발굴 하고 전화 통화를 하기 전에 먼저 손 편지로 전략적인 제안을 했다.

'ooo대표님 안녕하십니까? 법인 사업을 운영하시는 대표님께 사업적으로나 개인적으로 도움을 줄 수 있는 특별한 제안이 있습니다. 많은 법인 대표님들이 만족해하시는 제안입니다. 곧 찾아뵙고 인사드리겠습니다.'(프로필 첨부)

이런 내용으로 손 편지를 써서 등기로 보냈다. 생각해 보라. 등기로 왔기 때문에 함부로 버릴 수 없는 편지다. 그리고 봉투도 흔한 봉

투가 아닌 고급스럽게 제작한 특별 봉투였다. 가망고객에게 강렬한 인상을 주기에 충분히 특별한 편지인 것이다. 또한 약속을 잡고 방문을 했을 때 대표가 자리에 없다면 미리 준비해 간 카드로 현장에서 손 편지를 남기고 온다.

'대표님 많이 바쁘신가 보네요. 오늘 찾아뵙기로 한 ooo입니다. 오늘 대표님은 만나 뵙지 못했지만, 처음 방문한 회사의 이미지는 아주 훌륭했습니다. 조만간 다시 연락드리고 찾아뵙겠습니다.'

이렇게 손 편지를 남기고 곧 다시 연락을 드리면, 보통은 미안해하면서 다시 약속 시간을 잡는다. 초회 면담을 하고 나서 또 다시 손 편지를 당일 날 작성한다.

'대표님, 오늘 하신 말씀들 정말 감동적이었습니다. 그동안 열심히 살아오신 삶에서 열정을 엿볼 수 있어서 저에게 많은 귀감이 되었습니다. 저도 대표님께서 희망하시는 삶에 도움이 되는 해결책을 드리기 위해 많은 수고를 아끼지 않겠습니다. 약속하신 다음 주 수요일 다시 뵙도록 하겠습니다.'

이렇게 또 다시 손 편지를 남기면 다음 약속이 잘 진행되었고 계약의 확률도 상당히 올라갔다. 나는 모든 영업 프로세스에 손 편지가 상당한 영향을 미쳤다고 굳게 믿는다.

손 편지로 신규 고객을 창출하라.

손 편지를 습관화 하다 보면 현장에서 직접 활동하지 않았음에도 영업하는 효과가 일어난다. 기다려 달라고 한 잠재고객에게 부담을 주지 않으면서 비영업 접촉을 할 수 있는 것이다. 쓰레기통에 버려지지 않을 손 편지로 승부하면 잠재고객에 대한 마음도 얻을 수 있다. 남들이 다 하는 영업 활동이 아니라, 고객을 생각하는 순수한 마음을 담아서 손 편지를 쓰면 감동이 배가 된다. 고객이 감동을 받으면 내가 그랬던 것처럼 그들도 나를 도우려는 마음이 생긴다.

손 편지를 꾸준히 쓰면 고객과의 친밀도가 높아져서 소개를 받을 수도 있다. 손 편지는 상대의 마음에 부담을 주지 않으면서 관계를 자연스럽게 만들어 주기 때문에 찾아가는 것보다 효과적일 때가 많다. 그러므로 잠재고객에게 주기적으로 손 편지를 써서 관리하면 신규 고객을 창출할 기회가 생기는 것이다. 부담감을 주지 않으면서 꾸준하게 관리한 효과로 고객이 필요성을 느끼는 날이 오면 바로 가입할 수 있기 때문이다. 더불어 잠재고객에게는 가끔씩 일과 관련된 손 편지를 쓰는 것도 필요하다.

예를 들면 이렇게 써보자.

'대표님, 이번 세법 개정 전에, 대표님에게 꼭 추천해 드릴 제안이 있습니다. 그간 대표님께서 무엇을 고민하셨는지 제가 충분히 잘 알고 있기 때문에, 이번 세법 개정 전이 바로 최적의 시기라고 확신합니다. 제가 곧 찾아뵙고 도움을 드리겠습니다.'

이처럼 잠재고객에게 꾸준하게 정성을 다해서 손 편지를 쓰면 변함없는 정성에 대한 보답으로 반드시 계약이 따라오게 되어 있다. 작은 것에도 정성을 다하면 이루지 못할 것이 없다. 또한 이미 가입한 고객에게도 가입할 때보다 더 정성을 다해서 꾸준하게 손 편지를 써보라. 고객은 내 편이 되어 나에게 도움을 주려고 할 것이다.

간결하고 강렬한 감동이 묻어나도록 써라.

다음은 미국 대통령인 에이브러햄 링컨이 게티스버그 전투 당시 마이드 장군에게 보낸 편지 내용이다.

'이 작전이 성공한다면 모두 당신의 공로입니다. 그러나 만약 실패한다면 그 책임은 내게 있습니다. 만약 작전에 실패한다면 장군은 링컨 대통령의 명령이었다고 말하십시오. 그리고 이 편지를 모두에게 공개하십시오!'

– 링컨–

이처럼 편지를 쓸 때는 짧지만 강렬한 감동이 묻어나도록 작성하

라. 짧지만 솔직하고, 진심이 묻어나면 사람의 마음을 움직일 수 있다. 영업인은 진심을 전하는 것이 상담의 핵심이다. 영업 활동을 하는 시간은 한계가 있기 때문에 진심을 전하는 데 시간이 부족하다. 그러나 손 편지는 영업인이 조금만 정성을 기울이면 진심을 전하는 비장의 무기가 될 수 있다. 손 편지를 써서 신규 고객을 확보하고, 기존 고객의 신뢰와 마음을 사라. 다음은 영업현장에서 쓴 손 편지의 사례이다.

사례1 개척으로 초회 면담 하기 전

ooo대표님 안녕하십니까?

요즘 제가 기업 대표님들께 CEO 플랜과 퇴직연금에 대해서 제안 드리는데 새로운 금융 정보에 대해 매우 만족해 하셨습니다. 대표님처럼 유능하신 분들이나 자산가들께서 저를 찾아주시는 데는 특별한 혜택이 있기 때문입니다. 조만간 직접 찾아뵙고 제안해 드리도록 하겠습니다. 항상 번창하시고 건강하십시오(프로필 첨부).

2006년 10월 26일

몸이 아파서 병원에 갔을 때

ooo원장님 안녕하세요?

오늘 하신 말씀 정말 감사했습니다. 저에게 많은 도움이 되었고, 앞으로 더 많은 노력이 필요하다는 것도 알게 되었습니다. 제가 올해 운이 좋은가 봅니다. 부족한 제가 이해하기 쉽게 설명해 주셔서 감사합니다. 원장님의 해박한 지식에 놀라웠습니다. 저도 제 일과 관련한 도움을 드리도록 하겠습니다. 다음에 다시 찾아뵙겠습니다.

2007년 1월 26일

초회 면담이 끝나고 계약이 연기된 가망고객

안녕하세요? ooo님

명절 잘 보내셨나요? 혹시 몸살 나지 않으셨는지요. 지난번 재정 설계를 해드리면서 ooo님의 소중한 미래를 설계해 드릴 수 있어서 기뻤습니다. 항상 긍정적으로 밝게 일하는 모습 또한 인상적이었습니다. 앞으로는 쏟아지는 금융정보들 속에서 어떤 전문가를 만나서 무엇을 실천하느냐가 상당히 중요한 시대입니다. 좋은 인연이 되길 바라며 건강하세요. 2007년 2월 20일

사례4 법인 계약 후 회사 직원들에게 단체로 편지쓰기

ooo주식회사 가족을 위한 2007년 황금돼지해 부자 되기 프로젝트!
안녕하세요? 희망찬 정해년의 새해를 맞아 여러분들과 가정에 만복이 깃들기를 기원합니다. 새해는 600년 만에 찾아오는 황금돼지해라고 합니다. 우리 일생에서 단 한번 찾아오는 행운의 해인만큼 부자가 되기 위한 재테크에 관심이 많으신 줄 압니다.
'부자는 소득이 많다'고 해서 이루어지는 것이 아닙니다. 올바른 금융정보를 제대로 알고 얼마나 합리적으로 재테크를 하는가에 달려 있습니다. 저는 고객님과 사랑하는 가족의 행복한 미래를 설계해 드리는 재정전문가입니다. 앞으로도 행복한 인생이 될 수 있도록 금융에 대한 올바른 정보와 방안으로 도움을 드리겠습니다. 기대해 주십시오(프로필 첨부).

핵심 포인트

1 | 손 편지는 진심을 전할 때 큰 위력을 지닌다.

2 | 손 편지로 나만의 차별화 전략을 세워라.

3 | 잠재고객에게 손 편지로 비영업 접촉을 꾸준히 하면, 친밀도를 높여 고객 창출을 할 수 있다.

4 | 간결하고 강렬한 감동이 묻어나도록 손 편지를 써라.

6

프레젠테이션은 어떻게 하는가?

"마음에 품고 있는 것이 무엇이든,
그것을 강하게 믿는다면 성취할 수 있다."

– 나폴레온 힐

고객 스스로 문제를 생각하고 답을 찾도록 하라.

　프레젠테이션 단계는 그동안의 프로세스에서 얻은 정보를 기초로 해결책을 제시하는 단계다. 고객은 프레젠테이션 단계에서 '계약을 할 것인가?'에 대한 판단을 내리므로 프레젠테이션은 '영업의 핵심'이라고 말할 수 있다. 하지만 간혹 영업인이 프레젠테이션에서 실패하는 경우를 볼 수 있다. 그것은 대부분 설명만 하려고 했기 때문이다. 설명을 중심으로 하면 고객에게 중점을 둔 것이 아니라, 본인의 영업실적에 중점을 둔 것이라는 느낌을 주기 때문에 실패하는 것이다. 인터넷이 활성화되기 전에는 영업인이 설명만 잘하면 성공할 수 있었지만, 현재는 많은 정보가 노출되어 있기 때문에 설명만으로는 프레젠테이션에서 성공할 수가 없다. 프레젠테이션에서 고객 스스로 문제를 생각하고 해결책을 찾도록 도와주어야 한다. 즉 초회 면담에서 소통했던 내용들을 스스로 떠올리게 해야 한다. 그러기 위해서 고객의 기억을 되살려 줄 질문을 던져라.

　　　"고객님, 오늘 제가 고객님을 위한 해결책을 제시해 드리기 위해 왔습니다. 그보다 먼저 중요한 것은 고객님께서 지금 원하시는 것이 무엇인지, 또 현재 어떤 문제점들을 가지고 있는지 하는 점입니다. 말씀하셨던 것을 한 번 더 확인해 보겠습니다."

이렇게 프레젠테이션을 하기 전에 고객이 가장 원하는 것이 무엇인지, 또 그에 따른 문제점은 무엇인지를 명확하게 재인식시키는 것이다. 그렇게 되면 고객이 스스로 원하는 것과 문제들을 확인하고 해결하려는 의식을 갖기 때문에 소통이 잘 되고 고객이 공감할 수 있는 프레젠테이션을 시작할 수 있게 된다.

숨어있는 니즈를 찾아라.

질문을 하다 보면 고객이 초회 면담에서는 말하지 못한 의외의 대답을 할 수가 있다. 초회 면담에서 고객이 표면상의 니즈를 말했다면 프레젠테이션을 앞두고 질문을 했을 때는 그때 말하지 못했던 숨겨진 니즈가 나올 수 있다. 결정을 앞두고 있다는 사실을 고객도 알기 때문에 숨겨진 니즈가 나오는 것이다.

그것을 끄집어 내지 못하면 고객의 요구대로 프레젠테이션을 하고도 만족을 주지 못하고, 계약이 뒤로 밀리는 경우가 있다. 예를 들어 가족 몰래 대출을 했기 때문에 현금 흐름이 생각보다 훨씬 적을 수도 있고, 사업가일 경우에는 매출과 대비해 볼 때 쓸 수 있는 자금이 턱없이 부족할 수도 있다. 이렇게 숨겨진 니즈를 프레젠테이션 전에 파악한다면 고객의 프레젠테이션 만족도를 높일 수 있다.

얼마 전 자동차 판매 사원에게 '고객님, 왜 차를 바꾸려고 합니까?'라는 질문을 받고, 나는 그에게 많은 이야기를 할 수 있었다. 나는 영업을 다니다가 차가 폐차될 정도로 큰 교통사고가 난 적이 있었는데, 만약 그때 차가 소형차였다면 크게 다쳤을 것이다. 그때 이후로 차를 사는 기준은 사고가 나더라도 내가 살 수 있는 튼튼한 차여야 했다. 자동차 판매 사원의 '왜 차를 바꾸려고 합니까?'라는 질문에 나는 숨어있던 니즈까지 다 말할 수가 있었다. 차량구매가 끝나고 나서 나는 생각했다. 프레젠테이션을 하기 전에 영업사원이 무엇을 질문하느냐에 따라 고객은 스스로 숨겨진 니즈까지 모두 말할 수 있다. 영업인은 그 니즈에 맞게 해결책을 제시하면 되는 것이다. 이러한 과정을 통해서 구매가 이루어졌을 때, 고객은 굉장한 만족감을 얻을 수 있다. 어떤 순간이라도 고객이 진정 원하는 것을 끄집어내려고 노력하라.

고객만을 위한 특별한 해결책을 제시하라.

프레젠테이션을 준비하면서 겉으로 전문적으로 보이는 데 집중해 너무 많은 자료를 만들 필요는 없다. 프레젠테이션은 좋은 자료를 가지고 설명을 잘 하는 것이 중요한 게 아니라, '고객만을 위한 내용이 있고, 해결책을 날카롭게 제시할 수 있느냐?'가 중요한 것이다. 오늘 10명의 고객에게 제안을 해야 된다면, 10개의 서로 다른, 그 고객만을 위한 특별한 제안서를 준비해야 하는 것이다. 기존 프레젠테이션 자료를 가지고 고객의 이름만 바꿔서 활용한다면, 고객 또한 그것을 느낄 것이다.

고객 스스로 이것은 '나만을 위한 제안서'라는 것을 느낄 수 있도록 만들어야 한다. 설명할 때도 이것은 고객님만을 위한 설명임을 느낄 수 있도록 해야 한다. 그래야 고객이 집중할 수 있고 결정하기가 용이해진다. 고객의 의견이 충분히 반영되어 고객만을 위해서 준비했다는 느낌이 반드시 전달되어야 한다. 그러기 위해서는 지금까지 고객과 상담했던 모든 기록과 자료를 가지고 충분한 고민 끝에 프레젠테이션을 준비해야 한다.

프레젠테이션의 핵심은 날카로운 해결책을 제시하는 것이다. '당신이 오늘 이것을 왜 해야 하는가?'에 대한 설득이 필요하다. 그러한 설득을 위한 세 가지 방법이 있다.

첫째, 신뢰성 있는 객관적인 데이터를 제시한다. 누가 봐도 믿을 만한 자료와 정보를 가지고 만들어야 설득력이 있다. 둘째, 제시하는 해결책을 선택할 때와 선택하지 않을 때의 차이점에 대해서, 먼 미래까지, 명확하게 시뮬레이션 하라. 셋째, 본인의 성공 사례를 자료화시키면 증명된 자료이기 때문에 고객은 결정하기가 쉬워진다. 결정을 했을 때, 실제로 어떤 혜택을 누릴 수 있는가에 대한 설득력 있는 자료이기 때문이다.

이렇게 객관적이며 논리적인 자료를 날카롭게 제시하고, 거기에 감성적인 마무리까지 하면 대성공이다.

선택은 고객이 하게 하라.

프레젠테이션 단계에서 '어떻게든 오늘 계약을 하고야 말겠다.'는 느낌을 주지 않도록 주의하라. 오늘 준비한 프레젠테이션을 듣고, 판단은 본인이 스스로 해야 한다는 것을 강조하면서 시작하라. 이렇게 반대로 영업을 하지 않으려고 하면, 오히려 고객은 듣는 자세가 달라지고 결과 또한 달라진다. '무리한 요구는 하지 않을 겁니다. 고객님을 위한 제안서를 받아 보시고, 제가 드리는 해결책에 동의하시면 실행에 옮기시면 됩니다. 그 판단은 전적으로 고객님 스스로 하시는 겁니다.' 이렇게 초반부터 메시지를 전달하면 프레젠테이션의 효과는 훨씬 올라간다. 영업하지 않으려고 할 때 오히려 고객의 결정을 이끌어낼 수 있다.

프레젠테이션에서 고객이 '이 분이 정말 나를 위해 고민했고 나를 잘 이해하고 있구나!'라고 느끼며 감동을 받을 수 있게 하라.

핵심 포인트

1 프레젠테이션에서 고객 스스로 문제를 생각하고,
해결책을 찾도록 도와주어야 한다.

2 어떤 순간이라도 고객이 진정 원하는 것이
무엇인지를 찾아내라

3 고객만을 위한 특별하고
날카로운 해결책을 제시하라.

4 영업하지 않으려고 할 때
오히려 고객의 결정을 이끌어낼 수 있다.

7

강력한 클로징은
고객의 진정한 행복을 위해서 한다.

"나는 내가 노력할수록 운이 더 좋아지는 것을 발견했다."

– 토마스 제퍼슨

클로징은 자연스러운 현상이 아니라 학습해야 한다.

클로징은 드디어 마지막 계약에 들어가는 단계이다. 모든 프로세스를 잘 진행하고, 고객에게 만족을 준 프레젠테이션까지 진행했다면 대부분의 고객은 결정 단계까지 올 수 있다. 그러나 영업인이 클로징에 대한 학습이 미리 되어 있지 않으면 마무리하기가 그리 쉽지 않다. 또 고객이 계속 고민을 하는 경우에 더욱 클로징 타임을 놓칠 수가 있다. 모든 상품에는 장단점이 있으므로 고객이 계속 고민하는 원인이 상품의 약점일 수도 있다. 이 또한 미리 학습해서 준비해 가면 별 무리가 없다. 상품의 약점을 보완할 수 있는 근거 자료를 만들어서 알기 쉽고 납득할 수 있도록 준비하라.

그러면 상품을 판매하는 것이 아니라, 해결방안을 판매하는 것이기 때문에 문제가 되지 않는다. 클로징에서 고객이 이미 원하고 선택한 것에 대해서 긍정적인 결정을 내릴 수 있도록 영업인이 도와주는 역할을 제대로 해야만 마무리를 지을 수 있다. 클로징을 돕기 위해 마법의 두 가지 질문을 하라.

"고객님, 지금까지 이 해결책을 듣고 어떤 느낌을 받으셨습니까?"

이 질문을 하고 나서 고객이 답변하기 전까지 침묵하라. 대부분 고객은 긍정적인 답변을 한다. 그리고 다시 질문하라.

"그렇다면 이 해결책에 대해서 긍정적으로 진행해도 되겠습니까?"

마지막 클로징 단계에서 이 두 가지 질문으로 고객 스스로 답을 할 수 있도록 리드하라. 그리고 침착하게 클로징을 마무리 하면 된다.

왜 강력한 클로징을 해야 하는가?

앞서 클로징은 고객이 원하는 현명한 결정을 할 수 있도록 돕는 단계라고 강조했다. 초회 면담에서 정보를 파악하고, 충분한 고민 끝에 프레젠테이션까지 마쳤다면 영업인 스스로 해결책에 대한 확신을 가지고 있어야 한다. 더욱이 숨은 니즈가 없을 만큼 완벽한 해결책이라면 고객 또한 이를 공감하고 있을 것이다. 고객도 해결책에 대해 만족해한다면 여기서 더 망설일 이유가 없다. 영업인이 강력한 클로징을 해야 할 충분한 이유가 있는 것이다. 이 해결책 이외에 '다른 적절한 해결책이 없다'는 확신이 들었을 때, 고객이 당장 결정할 수 있도록 도와야 한다. 더 이상 서로 시간 낭비를 할 필요가 없기 때문이다. 특히 보험 상품의 보장과 관련된 클로징을 할 때는 더욱 그러하다. 여러 사례를 통해서 바로 결정하지 않고 연기했을 때, 실제로 불편한 상황과 손실을 볼 수 있기 때문에 더욱 강력한 클로징이 필요한 것이다. 강력한 클로징은 상품판매가 아니라 해결책을 판매한다는 확신에서 나온다.

클로징의 신호를 잡아라.

이제부터 고객을 잘 관찰해서, 언제 클로징을 해야 할지 신호를 잡을 수 있어야 한다. 고객은 상담 중에 표정이나 행동으로 자신의 생각을 계속 표현한다. 그럴 때마다 고객의 행동을 잘 관찰해서 긍정적인 신호를 보일 때 클로징 멘트를 전해야 한다. 이럴 때 영업인 스스로 깔끔한 마무리를 할 수 있는 자신만의 클로징 멘트를 준비하고 반복해서 연습해야 한다. 그럼에도 당연히 나올 수 있는 것이 거절이다. 그러나 클로징에서 거절처리는 '대부분 막을 수 있는 거절이다'는 것을 명심하라.

어떤 고객도 최종 결정을 할 때는 고민을 하는 것이 당연하다는 것을 이해하라. 프레젠테이션에서 고객이 만족했을 때 클로징 신호를 보내라. 몇 가지 클로징 신호를 살펴보자.

"이 보장내역에 대해서 충분히 만족 하십니까?"
"그럼 원하시는 보장을 바로 받아 보실 수 있도록 도와드리겠습니다."
"건강검진 일정을 잡아 드리는데, 언제가 편하실까요?"

이러한 클로징 신호를 보낼 때 고객은 자연스럽게 긍정적인 답변을 할 것이다. 그렇게 최종 결정을 도우면 되는 것이다.

자신만의 클로징 멘트를 활용하라.

몇 가지 효과적인 클로징 멘트를 살펴보자.

첫 번째, "자, 고객님, 이제 결정해야 할 시간입니다. 제가 제안한 플랜이 마음에 드십니까? 그러면 이 혜택을 언제부터 누리고 싶습니까? 그럼 여기에 사인을 하시면 됩니다. 수익자는 부인으로 하시겠습니까? 아니면 자녀로 할까요?"

두 번째 "네, 고객님 객관적으로 판단해서 누가 봐도 좋은 플랜입니다. 고객님께서 많이 바쁘신 거 같으니, 오늘 이 플랜에 대해서 결론만 내려주시면 나머지는 제가 다 알아서 정리해 드리겠습니다."

세 번째, "고객님, 어떤 일이든 완벽할 때 하는 것은 거의 없습니다. 천리 길도 한걸음부터라는 속담이 있지 않습니까? 고객님의 사랑하는 가족 특히 자녀를 위해서 이 정도는 해야 되지 않겠습니까?"

네 번째, "고객님, 지금 제가 제안한 이 금액을 부담스러워서 하지 못하신다면, 조만간 언젠가 다시 하셔야 될 텐데 그때 더 추가되는 비용을 어떻게 감당하려고 하십니까? 제가 이 금액을 계산하면 하루에 절약해야 하는 아주 작은 비용이 나옵니다. 그 정도는 가족을 위해 절약할 수 있지 않겠습니까?"

다섯 번째, "고객님께서 왜 그렇게 고민하시는지 잘 이해하고 있습니다. 대부분의 사람들이 중요한 결정을 내릴 때 고객님과 같이 고민합니다. 고객님, 이럴 때 벤 프랭클린 종결법을 사용해 보시면 도움이 되실 겁니다. 어느 나라든 위대한 정치가들은 고객님과 비슷한 상황을 경험했습니다. 그들 모두 제대로 결정을 내리고 있는 건지 확신을 가지고 싶어 했습니다. 지금 고객님의 마음과 상당히 비슷하다고 봅니다. 이렇게 백지를 꺼내서 수직으로 줄을 긋고 왼쪽에는 결정을 해야 할 이유, 오른쪽에는 그러지 말아야 할 이유를 적고 이유가 많은 쪽으로 결정을 내렸습니다. 자, 고객님도 한번 해 보시겠습니까?"

이처럼 자신만의 클로징 멘트를 준비해서 연습하고 또 연습해라. 클로징 단계에서는 고객이 자신의 결정에 대해서 다시 한 번 확인하기 위해 고민하는 것이므로, 거절을 진짜 거절로 받아들이면 절대 안 된다. 거절은 당연하기 때문이다. 다시 말해 클로징은 자연스러운 현상이 아니라 학습하고 미리 준비해야 하는 것이다. 그렇지 않으면 그동안 애쓴 보람이 한 순간에 사라져 버릴 수 있다. 다음은 강력한 클로징을 해야 할 사례들을 살펴보자.

사례1

> 30대 초반의 신혼부부를 만나서 재무상담을 하고, 세 번째 만남에서 시간이 맞지 않아 부인만 위험설계를 마쳤다. 남편의 위험설계에 대해선 다음에 남편과 함께 만나서 설계하기로 약속하고 헤어졌다. 며칠이 지나서 부인에게 다급히 연락이 왔다. 남편이 교통사고가 나서 크게 다쳤다고 울먹거렸다. 놀라서 병원으로 찾아가니 남편은 뇌출혈에 오른쪽 갈비뼈 전체가 골절되었고, 폐 손상이 심해서 큰 수술을 두 차례나 했다. 남편은 오랫동안 직장생활을 할 수 없었고, 교통사고 후유증으로 고생했다. 이럴 때 보험금으로 그들을 도울 수 있었다면 얼마나 좋았을까? 잠시 미룬 계약 때문에 고객이 이런 고통을 고스란히 감당해야 하는 것이다.

뜨거운 여름 어느 날, 가족상담을 하고 부모들은 위험설계와 은퇴 준비를 시작하기로 하고 16세인 아들과 13세 딸은 경제적인 여건 때문에 어떻게 해야 할지 고민해보겠다고 하고 상담을 마쳤다. 몇 달이 지나서 부인에게서 전화가 걸려왔다. 큰 아들이 자꾸 살이 빠지고 힘도 없어하고 코피도 자주 난다고 걱정스런 하소연을 했다. 또 조금만 부딪혀도 멍이 든다는 소리에 빨리 큰 병원으로 가보라고 하고 다시 연락이 오기를 기다렸다. 며칠이 지나도 연락이 안 와서 전화를 드렸더니, 큰 아들이 백혈병 진단을 받았다고 했다. 부부는 큰 아들을 살리기 위해 그동안 모아두었던 자금은 물론이고, 새롭게 계획했던 목적자금이나 은퇴자금 모두를 쏟아 부었다. 과연 어떠한 행동이 고객을 진심으로 돕는 방법인가?

이처럼 고객과 상담을 할 때, 고객의 인생에서 우선순위를 생각해 해결책을 찾았을 때는 열정으로 설득하려고 최선을 다해야 한다. 전문가로서 고객보다 더 많은 것들을 예측할 수 있는 경험이 있기 때문이다. 강력한 클로징은 고객의 진정한 행복을 위해서 해야 한다.

핵심 포인트

1 │ 클로징은 자연스러운 현상이 아니라
반드시 학습해야 한다.

2 │ "지금까지 해결책을 듣고
어떤 느낌을 받으셨습니까?"

3 │ "그렇다면 해결책에 대해서
긍정적으로 진행해도 되겠습니까?"

4 │ 강력한 클로징은
고객의 진정한 행복을 위해서 해야 한다.

5 │ 자신만의 클로징 멘트를 끊임없이 연구하라.

8

소개 요청은 왜 해야만 하는가?

"구하라. 그러면 너희에게 주실 것이요, 찾으라.
그러면 찾을 것이요, 문을 두드려라.
그러면 너희에게 열릴 것이니, 구하는 이마다 얻을 것이요,
찾는 이가 찾을 것이요,
두드리는 이에게 열릴 것이니라."

– 마태복음 7장 7~8절

모든 사람에게 소개 요청하라.

오랫동안 영업으로 성공하고 싶은가? 그렇다면 망설이지 말고 모든 사람에게 소개 요청을 하라. 앞서 가망고객 발굴은 영업에 있어서 습관을 넘어서 본능적으로 해야만 한다고 말했다. 아무리 훌륭한 목표와 전략을 세웠더라도, 수많은 연습을 했더라도 만나야 할 사람이 없다면 아무 소용이 없는 것이다. 영업을 시작하면서 오랫동안 성공적으로 영업 일을 하고자 한다면 반드시 소개 요청을 해야만 한다. 소개를 받아서 상담을 가면 개척 방문보다 10배 이상 좋은 성과를 거둘 수 있다. 처음 영업을 시작해서 시장이 없을 경우에는 개척으로 어렵게 시작하지만, 시간이 흐르면 흐를수록 만족한 고객들로부터 소개를 받는 전략을 세워야 한다. 그래야 가장 빠른 방법으로, 좋은 가망고객을 확보할 수 있다. 소개를 받을 수 있는가는 기존 고객에게 어느 정도 신뢰를 확보하고 있는가에 달려 있다. 영업인으로서 신뢰를 받기 위해서 '진심으로 고객에게 도움을 주었는가?'라는 질문에 스스로 대답해 보아야 한다. 또한 한 번 소개를 해준 고객은 협력자로서의 새 장을 열어가야 한다.

소개 받을 만한 사람이 되어라.

소개를 받기 위한 핵심 전략은 영업인 스스로 소개 받을 만한 사람이 되는 것이다. 고객이 소개를 해주지 않는 가장 큰 이유를 생각해 보라. 그것은 고객의 친구나 동료를 소개했을 때 '도움을 줄 수 있다'는 생각보다 부담을 줄 수 있다는 생각이 크기 때문이다. 또는 전에 누군가의 요청으로 소개를 해줬는데 지인들에게 불편을 끼쳤던 경험 때문일 수도 있다. 그러나 고객의 만족도가 크고 영업인에 대해 확실한 신뢰가 있다면 상황은 완전히 달라진다. 고객을 진심으로 돕고 끊임없는 성실하게 노력했다면, 고객에게 소개 요청을 했을 때 고객은 거절하지 않고 긍정적으로 도와줄 것이다. 이것이 기본이다. 먼저 신뢰를 얻은 다음에 당당히 요청하라. 한편, 고객과의 관계에서 충분한 신뢰를 쌓았다 해도 영업인이 소개 요청을 하지 않는 한 소개는 받아낼 수 없다는 것을 명심하라. 도움을 받았으니까 '알아서 소개해 주겠지'라는 안일한 생각은 버려라. 중요한 것은 소개를 요청하느냐 하지 않느냐, 그 차이다.

모든 프로세스 과정이 소개의 최적 시기다.

소개 요청을 언제 하는 것이 가장 좋은가? 여기에는 답이 없다. 누구를 만나든 상관없이, 그리고 영업의 성과가 좋거나 나쁘거나 상관없이, 모든 영업 활동에서 만나는 사람에게 소개해 달라고 요청하라. 이 일을 하는 가치에 대해서 말하고 고객에게 끝까지 서비스해 주겠다고 마음먹었다면, 고객에게 소개 요청을 해야 한다. 고객에게도 왜 소개를 받아야 하는가에 대한 이유를 말하면 서로 충분히 공감할 수 있다.

영업의 본질인 '사람을 진심으로 돕는 일'에 가치를 두고 일하면 계약은 실패하더라도 소개로 반드시 다른 고객을 확보할 수 있다. 그러므로 모든 프로세스 과정이 최적의 시기라고 볼 수 있다. 더구나 계약체결을 할 시에는 만족도가 높은 시기이므로 반드시 소개 요청을 해야 하고, 평소에 방문했을 때도 고객에게 필요한 정보를 주면서 소개 요청을 할 수 있다. 특히 보험금지급 사유가 발생했거나 좋은 일이든 나쁜 일이든 만남이 있을 때마다 요청을 습관화하라. 소개해 주신 고객이나 소개 받는 사람 모두에게 도움이 된다는 것을 상기시켜 주어라. 그리고 소개를 받았으면 신속하게 행동에 옮겨야 한다. 소개한 고객에게 전화해서 안내해 달라는 부탁도 잊지 않고 해야 한다. 그러면 방문하기가 훨씬 좋다. 또한 소개 받은 분과 연락이 되어 방문하게 되면, 그 모든 과정을 소개해 준 고객에게 연락해서 소통해야 한다. 그래야 좋은 협력자가 되어 앞으로도 계속 소개를 받아낼 수 있다. 만약 영업의 성과가 달성되었다면 소개 받은 분에게는 감사 인사를 반드시 해야 한다. 감사의 인사를 할 때는 진심을 담아서 하라. 그러면 당신이 고객을 도와주려고 했듯이, 고객도 당신을 도우려고 더욱 노력할 것이다.

"고객님처럼 훌륭하신 분으로 소개 요청 드립니다."라고 당당히 말하라. 습관처럼 말하라. 서로 신뢰가 있고, 만족한 고객에게서 소개 받은 사람을 방문하면 많은 프로세스를 건너뛰어 큰 성과를 얻는 경험을 하게 될 것이다. 영업은 바로 이러한 소개가 활성화되었을 때 최고수준으로 성공할 수 있다. 반드시 소개 요청을 하라.

이렇게 소개 요청하라.

"고객님, 오늘 제 상담이 도움이 되셨습니까? 지금까지 저의 해결책에 대해서 들어보셨는데 어떤 점이 마음에 드셨습니까? 네, 그럼 여기에 고객님처럼 도움을 받으실 몇 분을 소개 부탁드립니다."

이때 고객이 상담에 만족했다면 소개 요청에 긍정적으로 대답하겠지만, 그러지 못했을 때는 부담스럽다는 이유로 당연히 거절할 것이다. 그럴 때 우리는 그 마음을 충분히 이해해야 하며 이렇게 말할 수 있어야 한다.

"그렇게 말씀하시는 것에 대해서 제가 충분히 이해합니다."라고 말하며 이렇게 다시 한 번 더 시도한다. "고객님, 제가 한 번 이렇게 말씀드려 보겠습니다. 제가 처음에 전화를 드렸을 때, 고객님 어떠셨습니까? 조금 부담스러우셨죠? 그런데 실제 만나서 상담을 해보니까, 지금은 어떻습니까? 아직도 많이 부담스러우십니까?"

"네, 그렇습니다. 고객님께서 지금 도움이 되셨다고 생각하듯이 아마 소개시켜 주시는 분들 또한 도움이 되실 겁니다. 저는 이 분야에서 전문가이기 때문에 고객님 체면에 누가 되지 않도록 열심히 도울 겁니다. 소개해 주시는 분들께 소개시켜 줘서 감사하다는 말을 들을 수 있도록 행동하겠습니다. 고객님, 여기 세 분만 소개 부탁드립니다."

이렇게 해보라. 지금이 아니더라도 고객에게 소개를 받아낼 수 있다.

다시 말하지만 소개 요청에서 가장 중요하게 생각해야 할 점은 먼저 소개를 받을 만한 사람이 되도록 노력하는 것이다. 고객을 진심으로 위하고, 성실하고 꾸준하게 전문인으로 성장하라. 그러면 당신이 소개 요청을 할 때마다 훌륭한 분들을 소개 받을 수 있을 것이다. 소개 요청을 한다는 것은 당신과 고객과 소개 받은 사람 모두에게 도움이 되는 일이다.

핵심 포인트

1 | 오랫동안 영업으로 성공하고 싶다면
망설이지 말고 모든 사람에게 소개 요청을 하라.

2 | 중요한 것은 소개 요청을 하느냐 하지 않느냐, 그 차이다.

3 | 먼저 소개 받을 만한 사람이 되라.

4 | "고객님처럼 훌륭하신 분으로 소개 요청 드립니다."라는 말을
늘 습관처럼 하라.

5 | 소개 요청을 한다는 것은 당신과 고객과
소개 받은 사람 모두에게 도움이 되는 일이다.

9

고객 관리 이렇게 하면
모두 키맨으로 만들 수 있다.

"자기 자신을 믿어야 한다.
우리는 스스로 생각하는 것보다 훨씬 더 많은 것을 가지고 있다."

– 벤저민 스포크

기존 고객에게 성실하고 진실하라.

　지금까지 자동차를 아홉 번 바꾸면서 단 한 번도 같은 영업사원에게 차를 산 적이 없다. 차를 사기 전에는 그렇게 관심이 많아 보이는 사람들이 차를 구매하고 난 다음에는 모두 사라졌다. 관심을 가지고 관리를 했더라면 다른 차를 구매할 때, 그 영업사원에게 구매 했을 것이다.

　얼마 전 냉장고와 세탁기를 신형으로 구매했는데, 구매가 끝난 후에 영업사원이 성실히 관리를 하는 모습을 처음 보았다. 사용은 잘되고 있는지, 불편한 사항은 없는지, 앞으로 문제가 있으면 자신을 찾아달라고, 정말 감사했다며 인사하는 것이었다. 그것은 단순한 점검이 아니라 실제로 고객을 도와주려는 순수한 마음에서 비롯된 행동이라는 걸 충분히 느낄 수 있었다. 고객 만족을 위해서 최선을 다해 노력하는 모습이었다. 그 영업사원의 성실하고 진실한 모습이 고객으로서 참 고마웠다. 앞으로 가전제품을 구입할 일이 있으면 그 영업사원을 찾게 될 것이고, 새로 구입한 상품을 누군가에게 자랑할 때도 그를 소개시켜 줄 것이다. 기존 고객에게 관심을 가질 때 조금의 노력으로 더 많은 것을 얻거나 더 큰 결과를 낳을 수 있는 것이다. 그러므로 고객 관리는 영업의 끝이 아니라 영업의 시작이다. 기존 고객을 절대 잊지 말고, 기존 고객에게 좀 더 성실하고 진실해라. 가입한 상품의 목적과 가치에 대해서 좀 더 자세히 전달하라.

특히 보험 상품의 증권 전달에서부터 차별화된 서비스를 고객이 직접 느낄 수 있도록 하라. 앞으로 고객이 받게 될 서비스나 혜택을 상세히 설명하라. 그러면 고객은 선택에 있어 더 큰 만족을 느낄 뿐만 아니라 영업인에게도 고마움을 느낄 것이다. 이렇게 기존 고객에게 만족을 주었을 때 든든한 지지자가 된다.

키맨이 되어 찾아오게 하라.

기존 고객에게 성실하고 진실하게 감동을 주고 나아가 실제적인 도움을 주면 고객은 키맨이 될 수 있다. 어떻게 고객이 키맨이 되어 스스로 찾아오도록 할 수 있는지 살펴보자.

첫 번째, 가입한 상품의 가치 전달을 위해서 끊임없는 소통의 장을 만들어야 한다. 소통의 장을 만드는 방법에는 전화하는 방법과 직접 찾아가는 면담과 편지를 쓰는 방법 등 여러 가지가 있다. 가장 우선해야 할 것은 고객과의 약속이다. 보장이 지속적으로 유지될 수 있도록 고객에게 철저히 신경을 써야 한다. 상담하면서 기록해 놓았던 사소한 것들까지 무두 활용해 고객을 도와라. 그리고 항상 곁에서 도와주고 있다는 것을 느낄 수 있도록 하라. 먼저 고객과 친숙해지는 것이 중요하다. 그것은 영업인의 성실하고 진실한 태도를 보여주는 방법이다.

두 번째, 고객에게 피드백을 하라. 고객들의 좋은 피드백을 받으면 영업인은 활기를 얻고 일에 대한 자부심도 훨씬 강해질 수 있다. 또한 피드백을 함으로써 소개와 추가 계약에 대한 기대도 높일 수 있다. 세 번째, 고객들에게 실제적인 이익을 실현시켜 주기 위해 주기적으로 관리하는 전문가로 성장하도록 노력하라. 실질적인 이익 실현이라고 하면 금융상품일 경우, 3개월에 한 번씩 운영 보고서를 잘 활용해 고객들을 만족시켜 줄 수 있는 상담을 하는 것이다. 그리고 보험금 청구 때 전문가다운 일 처리를 통해 도움을 주는 것이다. 시간이 지나면 지날수록 많은 고객들과의 네트워크를 통해 다양한 정보를 공유함으로써 도움을 줄 수 있게 될 것이다. 고객이 관리 받는 것에 자부심을 느끼도록 끊임없는 도움을 주라.

네 번째, 해마다 재정상태를 점검해서 보완하라. 고객들은 시간이 지남에 따라 성장한다. 결혼을 하고, 자녀를 낳고, 승진을 하고, 집을 확장하는 등 지속적인 성장과 이벤트가 있기 때문에 그럴 때마다 재정상태를 점검하고 다시 보완해 주어 만족도를 높인다. 다섯 번째, 각 고객들마다 실질적인 도움이 되는 자료를 준비해서 고객이 직접 찾아올 수 있도록 하라. 직접 찾아오게 하는 방법에는 개별 상담도 있겠지만, 다양한 전문가들과 함께 세미나에 참여 시키는 방법도 있다.

고객 관리는 시간이 지남에 따라 지속적으로 서비스를 강화해 나가야 한다. 남들과 차별화된 좋은 서비스를 하기 위해서는 항상 고민해야 한다. 이렇게 고객과 함께 성장해 나가도록 하라.

기존 고객에게 편지를 써라.

다음은 키맨인 고객 관리를 위해 쓴 편지 중 5가지 사례이다.

사례1

여름휴가 건강히 잘 보내셨나요? 여전히 무더위가 기승을 부리는 가운데 일에 전념하시기가 힘드시죠? 그럴수록 맛있고 건강에 좋은 음식 많이 챙겨 드시고, 즐겁고 행복한 일들이 많이 생겨서 스트레스가 싹~ 풀릴 수 있도록 웃을 일이 많았으면 좋겠습니다.^^

7월에는 제가 대표님 가정에 열정적으로 위험보장과 재정 안정을 전해 드리면서 보험 증권이 가족을 보호하고, 가정을 지켜주는 등의 소중한 혜택을 포함하고 있음을 다시 진심으로 깨달았습니다. 더 열심히 연구하고, 최선을 다하여서 차별화된 금융서비스를 전해드리겠습니다. 늘 감사드리며, 진심으로 축하드립니다.

2006년 8월 7일

사례2

ooo님 안녕하세요?^^

여름을 지나오니 어김없이 청명한 가을이 우리를 반갑게 맞이합니다. 새로운 마음가짐으로 출발할 수 있는 이 계절이 더 감사히 느껴집니다. 오늘은 거울을 보시면서 최대한 해맑은 웃음을 지어보세요. 잠시 동안 정말 기분 좋아지실 겁니다. 제가 울적할 때 자주 써먹는 방법이죠. 저 대구영남본부에서 7월 8월 연속 Champion 먹었어요.^^ 장하죠? 정말 감사드리고 더 열심히 그리고 성실히 임해서 곁에서 도움을 드리는 재정전문가로 다가가겠습니다. 추석이 다가오기 전에 찾아뵙겠습니다. 2006년 9월 7일

사례2

ooo님 안녕하세요?

어찌나 세월이 빠르게 흘러가는지 벌써 2007년 12월의 마무리를

향해서 달려가고 있습니다. 연 초에 소망하신 것 중에서 이루어진 소망들이 있으시겠죠? 저도 몇 가지 소망이 이루어져서 정말 신기하다는 생각과 감사한 마음입니다. 그 중 막연히 밖에서 재무 상담을 하는 것 보다는 맛있는 차를 대접할 수 있는 근사한 개인사무실이 있었으면 하는 바람이 있었습니다. 그렇게 마음먹었던 일이 정말 실현되리라고는 생각지도 못했는데, 지금은 상담할 수 있는 훌륭한 공간이 생겼습니다.

ooo님께 좋은 차를 대접하면서 재무 상담을 해드릴 수 있어서 더할 나위 없이 기쁩니다.

이루지 못한 소망들은 내년에 새롭게 꿈꿔보기로 했습니다. ooo님께서도 이미 이루어진 소망에 대해 행복해 하시고, 다시 2008년도 소망을 꿈꿔 보시길 바랍니다. 2008년도 희망하시는 모든 일들이 이루어지시길 간절히 기원 드립니다. 2007년 12월 5일

핵심 포인트

1 영업은 계약이 끝난 이후에 고객에게
더욱 성실하고 진실하게 다가서야 한다.

2 고객 관리는 영업의 끝이 아니라 영업의 시작이다.

3 고객은 실제적인 도움을 받았을 때 키맨이 될 수 있다.

4 남들과 다른 차별화된 전략으로
고객 관리를 위해 항상 연구하라.

10

자신만의 성공시스템을 만들어라.

"멈추지 말고 한 가지 목표에 매진하라.
그것이 성공의 비결이다."

– 안나 파블로바

모든 프로세스를 매뉴얼화 하라.

영업은 비범해 보이는 사람보다 지극히 평범한 사람들이 성공하는 직업이다. 그 사실이 우리에게 희망을 주고 도전하게 만든다. 뚜렷한 목표를 세워서 멈추지 않고, 증명된 프로세스를 실행하면 반드시 성공할 수 있는 직업이다.

모든 영업에는 프로세스가 존재한다. 이것을 이해하고 그 중요성에 대해 인식해야 한다. 또한 성공한 사람들의 영업 프로세스를 확인하고, 적용시켜 보아야 한다. 나아가 고민하고 연구해서 자신에게 맞는 자료를 만들고, 상담에 필요한 스크립트를 철저히 준비한다. 그것을 끊임없이 연습하고 훈련해서 영업현장에서 활용해야한다.

실패한 상담에서는 문제점을 제대로 파악하라. 스스로 파악이 잘 안되면 상대에게 직접 물어보든지, 매니저에게 도움을 요청하라. 영업인은 항상 겸손한 자세로 끊임없이 배우려고 노력할 때 성공할 수 있는 것이다.

반면 성공한 상담은 자신감을 가지고 집중해서 무한 반복하라. 그러면 폭발적으로 성장할 수 있다. 이처럼 현장의 성공과 실패 경험으로 모든 프로세스의 자료를 만들어라. 그리고 모든 프로세스를 매뉴얼화시켜야 한다. 고객 유형별 상담 내용에 따라 자료를 만들고, 그에 따른 롤 플레이 스크립트의 완성도를 높여라. 어느 기간을 넘어서면, 고객 유형과 고객성향이 반복해서 나타나기 시작한다. 수많은 고객의 상담을 통해 업그레이드시켜 나가면 된다. 그렇게 하면 결국 자신만의 프로세스를 매뉴얼화 할 수 있게 된다. 시간이 지나면 이론과 경험을 아우르는 완벽한 시스템이 만들질 것이다. 이것이 자신만의 성공 시스템이다.

가장 신뢰 받는 설문지를 활용하라.

이것은 누구에게나 환영 받는 설문화법이며, 가장 빠르게 신뢰를 얻는 상담법이다.

보험금 찾아주기 캠페인

1. 건강검진 시 대장 용종 제거를 한 적이 있습니까?

2. 임플란트 치료를 받은 적이 있습니까?

3. 치아 파절 및 치아 골절로 치료를 받은 적이 있습니까?

4. 1~3종 수술보장 특약을 가지고 있습니까?

5. 실손 보험에 본인 부담금 비율을 알고 있습니까?

6. 본인의 사망보험금과 암 진단금이 얼마인지 알고 있습니까?

7. 갱신과 비갱신형의 차이점을 알고 있습니까?

8. 2차 보험금이 무엇인지 알고 있습니까?

9. 직장에서 단체 보험에 가입되어 있습니까?

10. 가족 중에 고혈압이나 당뇨로 치료를 받으시는 분이 계십니까?

위의 질문들을 통해서 모든 사람에게 보험과 관련한 상담을 부담 없이 해낼 수 있다.

1번 문항: 40대가 넘어서면 건강검진 시 대장 용종 제거를 하는 것은 흔히 볼 수 있다. 그러나 현장에서 고객들이 보험금을 받을 수 있는지 잘 모르는 경우가 허다하다. 이러한 질문 하나로 알지 못했던 보험금을 30만 원에서 100만 원 가량 찾아 줄 수 있다.

2번 문항: 임플란트 치료 역시 보험 분석을 통해서 70만 원에서 150만 원까지 보험금을 지급한 사례가 있다.

3번 문항: 치아파절이나 치아 골절로 치료 받는 일은 흔히 일어난다.

4번 문항: 이미 없어진 좋은 보장이므로 보장을 유지하도록 조언을 해준다.

5번 문항: 실손 보험은 보험금 청구가 자주 일어나므로 유의사항을 알려줄 수 있다.

6번 문항: 사망보험금이 곧 유사시 가족들의 생활비임을 강조하고, 전체 암 진단금 또한 어느 정도를 가지고 있어야 안심할 수 있는지에 대해 상담할 수 있는 문항이다.

7번 문항: 갱신과 비갱신의 차이점을 알려주고, 기존의 보험 분석을 할 수 있도록 유도하는 질문이다.

8번 문항: 몇 가지 사례를 통해서 보험금을 찾아주는 전문 FC만이 2차 보험금에 대해서 '찾아줄 수 있다'는 상담을 한다.

9번 문항: 본인이 개인 보험에 가입되어 있지 않더라도 직장단체 보험으로 보험금을 받을 수 있다는 사실에 대해서 알려줄 수 있다.

10번 문항: 가족력을 파악하고 고혈압이나 당뇨의 질병이 있다 하더라도 인수 가능한 보험이 있는 것을 설명할 수 있다.

이렇듯 보험금을 찾아준 몇 가지 사례를 통해서 설문화법으로 수많은 계약을 연결지을 수 있다. 어떠한 FC라도 고객에게 실제적인 이익을 줄 수 있다면, 모든 고객은 관심을 가질 수 있다. 모든 사람에게 보험은 필요한 것이다. 그러나 보험이 혜택보다 불편을 주었을 때 고객들은 보험에 대해 좋지 않은 인식을 하게 된다. 하지만 반대로 기존의 보험으로 인해 실제로 이익을 얻으면 보험에 대한 신뢰는 급격하게 상승한다.

보험 전문가로서 지식을 쌓기 위해 약관을 반드시 연구하라. 약관은 보험금을 지급하는 모든 기준을 포함하고 있다. 약관을 공부하면 누구나 보험금을 찾아주는 FC가 될 수 있다. 보험 영업을 하는 사람이 보험금에 집중해서 고객을 돕는 것은 너무나 상식적이고 당연한 일이다. 보험금을 찾아 주는 FC에 도전해 보라.

핵심 포인트

1 영업은 평범한 사람이 뚜렷한 목표를 세워서 멈추지 않고 끊임없이 노력하면 반드시 성공할 수 있는 직업이다.

2 이론과 경험으로 모든 프로세스를 매뉴얼화시켜 자신만의 성공시스템을 만들어라.

3 보험 약관을 공부하면 누구나 보험금을 찾아주는 FC가 될 수 있다.

4 보험 영업을 하는 사람이 보험금에 집중해서 고객을 돕는 것은 너무나 상식적이고 당연한 일이다.

경쟁시대에서 이길 수 있는 유일한 방법은 '차별화'이다.
차별화된 전략으로 가치 있는 '나만의 브랜드' 만들기에 집중하라.

4장

///////////////////

차별화된
영업기법

BUSINESS

1

법인 시장 질문화법

"위대한 사람은 기회가 없다고 원망하지 않는다."

– 랄프 왈도 에머슨

개인 상담은 개인을 살리고, 기업 상담은 기업을 살리는 일이다.

　법인 시장은 엄청난 시장임에 틀림없다. 회사의 경영인이 고객이 되면 수많은 사람들을 만날 수 있는 새로운 장이 열리기 때문이다. 그래서 보험 영업 시작하면서 전략적으로 법인 시장에 집중했고, 억대 연봉을 받을 수 있었다. 먼저 법인 시장에 접근을 하기 위해서는 법인대표가 안고 있는 고민과 문젯거리가 무엇인지 알아야 한다. 그리고 법인 시장에 대한 기본적인 지식을 항상 연구하고 숙지해야 한다. 요즘은 이와 관련한 전문서적이나 자료를 쉽게 찾아볼 수 있다. 그중에서 법인대표에게 도움이 될 만한 것을 찾아야 한다. 법인대표 초회면담 때 구체적으로 어떤 상담을 하는지 파헤쳐 보자. 본인 소개가 끝나고 임팩트 있는 질문 10가지로 상담을 시작한다.

1. 대표님 어떻게 일을 시작하게 되셨습니까?

2. 가장 힘들었던 순간은 언제입니까?

3. 어떻게 극복하셨습니까?

4. 과거 가장 행복했던 순간은 언제였습니까?

5. 현재 상황은 어떻습니까?

6. 현재 재정적으로 가장 해결하고 싶은 상황은 무엇입니까?

7. 앞으로 그 상황을 어떻게 해결하시겠습니까?

8. 대표님이 생각하시는 회사의 비전은 무엇입니까?

9. 왜 그렇게 생각하십니까?

10. 앞으로 어떤 삶을 살고 싶습니까?

위와 같은 질문을 통해 초회 면담에서도 법인대표와 수많은 이야기를 자연스럽게 할 수 있다. 사업을 하게 된 계기에서부터 어려웠던 시절과 가장 성공했던 시절 그리고 지금 현재의 고민과 문제까지 이해할 수 있다. 또한 이런 질문을 통해서 친숙해진 후에 마음이 열리면 좀 더 구체적인 질문으로 들어갈 수 있다. 영업인을 신뢰하고 상담에 임할 준비가 되기 때문이다.

다음은 실제로 법인 계약을 이끌어 낼 수 있는 12가지 질문화법이다.

1. "대표님, 세무사를 통해 회사의 주식 가치 평가를 받아본 적이 있습니까?"

주식 가치는 회사의 자산과 영업 손실에 따라 해마다 변동되기 때문에 현재의 주식 가격은 파악하는 것이다. 가치 평가에 대한 질문을 할 때는 대표가 중요하게 알아야 할 이슈를 설명해 주면 좋다. 예를 들면 회사 설립 이후 3년 미만과 3년 이후는 다른 평가 기준이 적용되고, 특히 3년 이후에 주식의 가치가 크게 오르기 때문에 일반적인 회사는 3년이 되기 전에 주식 가치를 검토할 필요성이 있다는 사실을 알려 주면 도움이 될 것이다.

2. "대표님, 정관에 임원퇴직금 규정이 포함되어 있습니까?"

대표가 컨설팅을 받은 경험이 있는지에 대한 확인과 퇴직금의 필요성에 대해 얼마만큼의 이해를 하고 있는지에 대한 질문으로 적합하다.

3. "유족 보상금 지급 규정도 포함되어 있습니까?"

법인을 운영하면서 가장 중요한 사람이 누구이며, 사람에 대한 리스크를 대비하기 위해 어떤 준비를 해야 하는가에 대한 상담을 할 수 있는 질문이다.

4. "회사 지분은 어떻게 되어 있습니까?"

법인 상담에서 아주 중요한 질문이며, 앞으로 대표의 사업 방향에 대해서 알 수 있는 질문이다. 이때 지분율 3%가 넘어서면 회계장부열람권이 있음을 설명한다. 이것은 재무제표를 확인할 수 있는 질문이다.

5. "대표님, 소득의 몇 %가 세금일까요?"

법인 상담에서 가장 임팩트 있는 질문이라 할 수 있으며, 대부분의 대표들이 고민하고 있는 문제이기도 하다. 현실적으로 가장 부담스러워 하는 부분이다. 그러므로 상담할 때, 미래의 상속세까지 감안해서 상담할 수 있어야 한다. 이런 임팩트 있는 질문은 계약과 바로 연결되기도 한다.

6 "대표님, 정기적으로 노무사 관리를 받고 계십니까?"

"노무 관련 대장을 수정 · 보완하고 계십니까?"
노무 관련 질문이다. 대표들은 사업을 진행하면서 이미 그 중요성을 알고 있다. 취업규칙이나 근로계약서에 대해서, 또 30명 이상의 회사일 경우 노사협의회 규정에 대한 관리가 되고 있는지 확인해 볼 필요가 있다.

7. "직원들의 퇴직 연금은 가입하고 계십니까?"
대표들의 고민거리 중 직원들의 퇴직연금에 대한 부분은 공통적인 사항이다.

8. "생산직 근로자 분들이 연장 수당을 비과세로 적용하고 계십니까?"

고객에게 실제적인 이익을 드리는 것보다 더 신뢰감을 주는 것은 없다. 이 질문은 현장에서 파악해서 바로 이익은 줄 수 있는 질문이기도 하다. 노무에 대해 확인해 보면 비과세로 적용되어야 할 부분이 적용되지 않아서 사용자와 직원이 세금을 더 많이 내는 경우가 간혹 있기 때문이다.

9. "대표님, 상속세가 얼마나 될지 알고 계십니까?"

대부분 개인 재산과 회사의 주식 가치에 대한 상속세를 막연히 생각하고 있어서 날카로운 질문이라 할 수 있다. 계약의 문을 여는 질문이다.

10. "상속세 납부 재원을 마련하고 계십니까?"

몇 가지의 사례를 통해서 상속세 납부 재원을 마련하지 않았을 때에 대한 리스크를 상담하기 좋은 질문이다. 계약에 직접적으로 영향이 있는 질문이기도 하다.

11. "법인 명의로 금융 상품을 가입하고 계십니까?"

법인 명의로 투자나 보험 등 어떤 상품에 가입되어 있는지를 확인하고, 제안을 위한 정보 수집을 위해 질문한다.

12. "중소기업 대표가 사고 시 발생할 수 있는 리스크를 생각해 본 적이 있습니까?"

법인 상담에서 가장 중요한 가치에 대해 충분히 소통할 수 있는 핵심 질문이다.

이러한 질문화법으로 망설이지 말고 법인 시장에 도전해보라! 반드시 좋은 결과가 나온다. 될 때까지 하라. 끊임없이 연구하고 노력하면 기업에 큰 도움을 주는 영업인이 될 수 있다. 차별화된 영업기법으로 10년 전에도 성공할 수 있었고, 지금은 더 큰 성공을 거둘 수 있다고 확신한다. '내 마음에 불을 지르지 않으면 타인의 마음에도 불을 지를 수 없다'는 것을 명심하라.

핵심 포인트

1   법인 시장은 수많은 사람들을 만날 수 있는
새로운 장이므로 엄청난 시장임에 틀림없다.

2   법인 시장에 대한 끊임없는 연구와 노력으로
기업에 도움을 줄 수 있다는 확신이 들 때
자신감 있게 행동하라.

3   초회 면담의 상담은 임팩트 있는 질문으로 시작하라.
그리고 경청하라.

4   법인 계약을 이끌어내는 핵심 질문 12가지에 집중하라.

5   개인 상담은 개인을 살리고,
기업 상담은 기업을 살리는 일이다.

2

가치대화 기법

"성공한 사람이 되려하기보다
가치 있는 사람이 되려고 노력하라."

– 알버트 아인슈타인

상품을 팔지 말고, 가치를 팔아라.

'상품을 팔지 말고, 가치를 팔아라.'란 말이 있다. 상품을 팔면 하나의 상품이 남지만, 가치를 팔면 그로 인한 고부가 가치를 창출할 수 있다. 그래서 더욱 가치전달을 할 수 있는 상담법에 귀를 기우리고 집중해야 한다. 가치상담을 하면 고객이 양질의 상품을 가입하고 만족과 가치를 동시에 느낀다. 이러한 가치상담을 해냄으로써 드디어 전문가의 진면목이 드러나는 것이다. 진정한 가치대화는 계약이 쏟아진다.

그럼 고객의 가슴을 두드리는 '가치대화'를 어떻게 진행하는지 구체적으로 살펴보자. 여기서 '가치대화'란 가치전달을 하는 대화를 일컫는다. 다음은 평범한 4인 가정의 가장을 가치대화로 이끌어가는 상담 사례이다.

FC: 부장님 안녕하세요? 이렇게 소중한 시간 을 내어 주셔서 감사합니다.

고객: 네, 반갑습니다.

FC: 저는 재무상담사로서 돈과 관련된 스트레스를 줄이고, 만족도를 높일 수 있도록 도와드리고 있습니다. 돈이 많아도 걱정, 없어도 걱정 인데요. 오늘 저를 만나서 돈 걱정을 줄일 수 있다면 괜찮으시겠죠?

고객: 네, 그렇죠.

FC: 더 나아가서 돈에 대해 좋다면 느낌이 어떨 것 같습니까?

고객: 더할 나위 없이 좋죠.

FC: 제가 상담을 통해 많은 분들은 도와드렸듯이 부장님께도 도움을 드리도록 하겠습니다. 먼저 부장님께 인생에서 가장 소중한 가치가 무엇인지 몇 가지 질문을 드리도록 하겠습니다.

고객: 네

FC: 부장님께서 하시는 일을 어떻게 시작하시게 되셨습니까?

고객: 대학 나와서 처음에는 자동차 영업을 3년 정도 하다가 소개로 여기 기술영업부서로 오게 되었죠. 벌써 15년이 됐네요.

FC: 네, 자동차 영업 3년에 이 회사에서 15년이면 벌써 18년이나 열심히 경제활동을 하셨네요. 부장님, 왜 이렇게 열심히 돈을 벌고 계세요?

고객: 그거야 애가 세 명이나 되는데, 먹고 살려면 열심히 일 해야죠. 막내가 올해 초등학교에 들어갔는데, 대학 마칠 때까지 참 걱정입니다.

FC: 네, 그렇겠네요. 그래도 자녀가 세 명이면 정말 다복하시겠네요. 피곤해도 퇴근해서 들어가면 참 행복하시겠어요(자녀의 이름과 나이를 파악한다).

FC: 자녀 교육과 가정을 위해서 이렇게 열심히 일을 하시는군요. 돈을 버는 이유가 그 밖에 또 있습니까?

고객: 뭐, 애들 다 키우면 노후에 하고 싶은 것도 맘껏 하고 행복하게 살기 위해서죠.

FC: 네, 맞습니다. 애들 다 키우고 행복한 노후를 보내셔야죠. 행복한 삶은 누구나 다 원하는 삶일 텐데요, 부장님께서 지금까지 살아오면서 가장 행복했던 시절은 언제였습니까?

고객: 글쎄요, 아무래도 첫째 아들 진영이가 태어났을 때 참 행복했죠. 세상을 다 가진 듯 했거든요. 아이가 태어나자마자 처음으로 집도 사고 좋았죠. 아이들이 건강하게 잘 크는 게 행복인 것 같습니다.

FC: 저도 아이들이 잘 자라는 모습을 지켜보는 게 가장 행복한 것 같습니다(그 밖에 과거의 행복한 시절에 대한 질문을 한다). 그럼 부장님, 지금까지 살아오시면서 가장 힘들었던 시절은 언제였습니까?

고객: 음, 고등학교 때 아버지께서 사고로 갑자기 돌아가시는 바람에 집안이 경제적으로 엄청나게 힘들어지고, 그때부터 어머니께서 우리 사남매를 키우시느라 고생을 참 많이 하셨습니다. 사남매를 대학 졸업까지 다 시키셨으니까요.

FC: (공감을 하며 더 구체적으로 들어본다) 또 힘든 순간이 있었습니까?

고객: 결혼 전에 자동차 영업할 때 참 힘들었습니다. 영업이 잘 안

돼서 소득이 시원찮아 결혼을 할 수 없었거든요. 그러면서 한 번 헤어지기도 했죠. 그래도 믿고 기다려 준 아내가 고맙죠. 뭐.

FC: (공감과 칭찬) 그럼 부장님, 요즘은 행복하세요?

고객 : 요즘 들어서는 좀 힘이 드네요. 40대 중반이 되니까 고혈압도 생기고 매사 좀 불안합니다.

FC: 네, 건강이 가장 중요한데 걱정되시겠네요. 현재 재정적으로 가장 해결하고 싶은 상황은 무엇입니까?

고객: 가장 급한 것은 주택담보대출인데, 이제 아내도 맞벌이를 하니까 해결되겠죠.

FC: (구체적으로 파악하고 다른 문제도 파악한다.)

부장님, 과거에 행복과 불행을 느끼면서 살아 오셨듯이, 앞으로의 삶도 행복과 불행의 연속일 텐데요, 가장으로서 행복한 삶을 위해 현명하게 준비하셔야 할 겁니다. 6년 후에 첫째가 원하는 대학에 진학하면 아빠로서 어떤 생각이 들 것 같습니까?

FC: (세 자녀의 꿈과 미래에 대한 이야기를 한다: 행복한 미래 다녀오기)

부장님, 행복의 크기만큼 경제적 비용이 반드시 발생합니다. 앞으로 그 상황들을 어떻게 해결 하시겠습니까?

고객: 지금까지 준비한 것이 이번에 보니까 턱없이 부족하더라고

요, 어떻게 해야 할지 자문을 구하고 싶습니다.

FC: 당연히 도와드리도록 하겠습니다. 아직 많은 시간이 남았으니 지금부터 구체적으로 어떻게 준비해야 할지 도움을 드리겠습니다(자녀교육자금에 대한 정보를 수집한다).

부장님, 20년 후 65세에 이번 달 수요일 오전 11시라고 가정하면 어디에서 무엇을 하고 계실까요?(주거환경, 여행, 취미에 대해 질문한다).

고객: 음, 65세라면 건강하게 아내와 여행을 하고 있겠네요. 이번 달에 35주년 결혼 기념 여행을 갔을 것 같습니다. 하하! 아내가 좋아하는 모습이 눈에 선하네요.

FC: 네, 부장님이 원하시는 행복한 노후 생활을 위해 생활비가 어느 정도 들겠습니까?

고객: 둘이 여행 다니면서 넉넉하게 살려면 꽤나 많이 들겠는데요.

FC: (구체적인 필요자금을 함께 검토한다) 이를 위해 어떤 준비를 해 놓으셨습니까? (준비한 상황을 파악 한다.) 부장님께서는 인생의 성공이 무엇이라고 생각하십니까?

고객: 그런 것은 한 번도 생각해 본 적 없는데요, 아마도 자녀들이 잘 자라서 행복하게 결혼하고, 우리 부부도 건강하고 평범하게 사는 거죠.

FC: 맞습니다. 인생의 성공은 바로 그런 거죠. 반드시 자녀들에게 존경받는 아버지가 되실 겁니다. 마지막으로 부장님은 사람들에게 어떤 사람으로 기억되고 싶으십니까?

고객: 진짜 어려운 질문이네요. 음, '믿을 수 있는 사람'이요.

FC: 네, 부장님 오늘 짧은 시간 뵈었지만 충분히 그렇게 느껴지는 분이십니다. 지금까지 저와의 상담을 통해서 현재 재무 상황에서 변화가 필요하다고 생각하십니까?

고객: 네, 많이 부족하다는 생각이 드네요.

FC: 제가 그 해결책을 가져온다면 실행에 옮길 생각이 있습니까?

고객: 네, 괜찮다면요.

FC: 제가 부장님이 원하시는 목표를 이루도록 돕기 위해 부장님의 현 상황에 대해 좀 더 구체적으로 알아야 합니다. (구체적 정보 수집을 한다).

FC: 오늘 부장님의 지난 삶과 자녀에 대한 깊은 사랑을 들으면서, 부장님을 마음으로 충분히 이해하게 되었습니다. 제가 최선을 다해 합리적인 해결책을 준비해서 올 것을 약속드리겠습니다(다음 약속 잡기).

이러한 상담은 계약이 가족 단위 계약이 가능한 차별화된 영업기법이다.

고객은 진심으로 도우려면, 고객이 마음의 문을 열고 스스로 이야기 하도록 해야 한다. 그렇게 하기 위해서는 고객의 마음을 묻는 질문을 해야 한다. 단순한 정보를 확인하는 질문으로는 절대 그 사람의 깊이를 알 수 없다. 마음을 두드리고 생각할 수 있는 질문으로 다가서야 한다. 그리고 고객을 이해하기 위한 공감과 경청을 해야 한다. 그러면 겉으로 보이는 것과는 차원이 다른, 한 사람의 인생을 엿볼수 있다. 이것이 바로 가치대화의 힘이다.

핵심 포인트

1 | 가치대화는 고객의 가슴을 두드리는 질문화법이다.

2 | 지금까지 살아오면서
가장 행복했던 순간은 언제입니까?

3 | 인생에 있어서 성공이란 무엇이라고 생각합니까?

4 | 가치 대화는 겉으로 보이는 것과는 차원이 다른,
한 사람의 인생을 엿볼 수 있는 차별화된 영업기법이다.

3

나만의 브랜드 만들기

"온리 원이 되기 위해 어떻게 다른 생각으로
'자신만의 다른 세상을 만들어 갈 것인가?'에 대해
진지하게 고민하라."

– '어떻게 나를 차별화 할 것인가' 중 김우선

어떻게 나만의 브랜드를 창조할 것인가?

빠르게 변하는 환경 속에서 누구나 다 아는 영업방법으로 승부하려고 한다면 경쟁에서 뒤 떨어진다. 핵심은 두 말할 것도 없이 '차별화'이다. 그렇다면 경쟁자와 차별화된 나만의 영업력은 어떻게 만들 수 있을까? 정답은 바로 당신 안에 있다. 당신의 지식이나 경험을 토대로 새로운 것을 창조하는 것이다. 그 누구도 쉽게 따라 하지 못하는 통찰력과 아이디어로 자기 자신을 확실히 차별화 하라. 이것이 바로 '나만의 브랜드 만들기'이다.

인터넷의 발달로 더 많은 제품, 더 많은 서비스로 영업이 활성화되고 있다. 그런데 왜 당신의 고객이 되어야만 하는가? 첫 번째, 당신은 고객에게 확실한 혜택을 줄 수 있는 믿을 만한 사람이 되어야 한다. 앞으로 고객에게는 자격을 갖춘 전문가이자 믿을 만한 사람이 필요하다. 그러기에 영업은 들어가기 전부터 충분한 연구와 검토를 거쳐 고객을 도울 수 있는 사람이 되어야 한다. 상담 중 고객의 욕구를 정확하게 알아내기 위해 노력해야 한다. 또한 프레젠테이션에서 고객의 욕구에 딱 맞는 해결책을 제시해야 한다. 이런 과정 속에서 고객의 신뢰를 절대적으로 확보하는 것이다. 이러한 영업프로세스 과정에서 고객은 당신을 믿을 만한 사람이라고 평가할 수 있다. 나아가 꾸준한 고객 관리로 추가적인 혜택을 줌으로써 더욱 신뢰를 확보할 수 있다. 그렇게 되면 고객은 소개할 고객을 모시고 당신을 다시 찾게 될 것이다.

스스로 가치를 창조하라

성공하려면 자신의 시간 관리를 철저히 해야 한다. 그러면 현장에서 활동하는 시간 외에도 영업을 효과적으로 만들 수 있다. 당신의 시간을 얼마나 생산적으로 만드는가에 따라서 당신의 가치가 만들어지는 것이다. 사실 요즘은 시간 관리를 제대로 한다는 것이 결코 쉽지 않다. 왜냐하면 매일 개인적인 통화나 문자, 인터넷으로 많은 시간을 빼앗기기 때문이다. 가능한 이러한 행동을 자제하고 생산성을 높이기 위해 집중하라.

소셜 마케팅으로 자신의 가치를 창조하라. 먼저 일과 관련된 유용한 정보를 공유하라. 또 생산적이고 도움이 되는 자료를 올려라. 더불어 차별화된 전략으로 열심히 일하는 모습이 담긴 사진과 일지를 실시간으로 올려라. 고객도 공감할 수 있는 인간적인 면을 충분히 담아 스토리를 만들어라. 그 공간 안에서 고객들과 함께 숨 쉬고 소통하며 공감이 일어나면 든든한 지지자들이 형성된다. 고객 관리도 자연스럽게 이루어질 수 있다. 다양한 스토리로 감동을 더할 수 있는 것이다. 그리고 소셜 마케팅은 단번에 결과가 나오는 것이 아니라 꾸준하게 길게 보고 가야 하는 과정이다. 당신은 고객과의 관계를 끊임없이 발전시키고, 체계적으로 관리함으로써 상상하지 못한 성과를 거둘 수 있다. 시간이 지날수록 수많은 고객을 영업 현장에서 직접 만나지 않더라도, 충분한 영업 효과를 기대할 수 있다. 또한 재미있는 이벤트를 만들어 고객을 참여시켜라. 이런 활동으로 자신만의 브랜드를 만들어낼 수 있고, 자신의 가치를 스스로 창조할 수 있다. 이것이 바로 차별화된 일인 창조기업이다.

고객의 마음속에 뚜렷이 기억되도록 하라

수많은 정보로 인해서 고객의 머릿속은 복잡하다. 그럴수록 영업 방법을 단순화시켜 사람과 사람으로서 소통할 기회를 찾아야 한다. 많은 정보를 제공함으로써 고객을 복잡하게 하는 것보다 단순화시켜서 핵심만 전달하라. 이것저것 자료를 많이 늘어놓는 것보다 간결한 핵심만 정확하게 전달하는 것이 중요하다. 상담을 할 때 영업인이 완전하게 내용을 숙지하면 간결하게 말할 수 있다. 그러나 준비가 부족하거나 긴장하면 훨씬 많은 말을 하는 것을 알 수 있다. 연구 후 스크립트로 충분히 연습하고 간결하게 말하라.

보험금 청구라든지 고객을 실제로 도와줄 수 있는 상황이 생기면 신속하게 도와주라. 고객이 복잡하게 여기지 않도록 단순화시켜서 도와주면 고객의 마음속에는 고마움으로 뚜렷이 기억될 것이다. 고객의 마음속에 '저분은 편하게 일 처리를 해주는 사람이다'라고 뚜렷이 기억되게 하라.

영업에서 가장 매력적인 요소는 바로 열정 있는 사람이다. 아무리 말이 서툰 초보더라도 성실하고 열정적인 모습으로 행동하면 매력적인 사람으로 보인다. 이것은 아주 오랫동안 증명된 기본적인 영업 방식이다. 그런 열정적인 행동들이 고객에게 호기심과 관심을 일으키고 집중할 수 있게 만든다. 이런 영업의 기본적인 요소는 충분히 적용해서 자신의 차별화된 전략으로 삼아라.

또한 영업은 감정의 변화로 인해 슬럼프를 자주 겪을 수 있다. 그럴 때 적극적으로 자기 자신을 관리하는 태도를 취해야 한다. 이런 에너지와 열정은 슬럼프에서 빠져나올 수 있게 도움을 준다. 항상 '지금보다 더 잘 할 수 있다'는 강한 자기 확신과 믿음을 가지고 책임 있게 행동하라. 책임감 있는 행동은 고객의 마음속에 뚜렷이 기억되는 법이다.

이렇게 차별화된 영업 방법으로 '나만의 브랜드' 만들기에 집중하라. 고객이 전문가인 당신을 다시 찾게 하고 소개하게 만들어라. 스스로 가치를 창조하여 항상 고객과 소통과 공감의 장을 만들어 가라. 앞으로는 더욱 다양한 의사소통이 가능한 시대가 열릴 것이다. 나아가 고객의 마음속에 가장 인간적이고 열정적인 모습으로 뚜렷이 기억되도록 노력하라.

핵심 포인트

1 당신의 지식이나 경험을 토대로
자신만의 브랜드를 만들어라.

2 자격부여를 받은 전문가이자
믿을 만한 사람이 되라.

3 소셜 마케팅으로 자신의 가치를 창조하라.

4 고객도 영업 활동에 공감할 수 있도록
인간적인 면을 충분히 담아 스토리를 만들어라.

5 고객들과 함께 숨 쉬고 소통하며 공감이 일어나면
든든한 지지자들이 형성된다.

6 책임감 있는 행동은
고객의 마음속에 항상 뚜렷이 기억되는 법이다.

4

전문가 팀워크로 승부하라.

"'할 수 있다 잘 될 것이다'라고 결심하라.
그리고 나서 방법을 찾아라."

– 에이브러햄 링컨

전문가 팀을 구축하라

인구가 증가하면서 경제가 성장하는 시대에는 우수한 상품이나 우수한 서비스라면 무조건 사람들의 인정을 받고 영업이 활성화되었다. 그런 시기에는 성실하기만 하면 개인영업이 효과적으로 이루어질 수 있었다. 그러나 지금은 저출산과 고령화로 인해, 경제성장이 둔화되는 시기이기 때문에 단순한 개인영업으로는 영업이 힘든 시대가 되었다. 이제 쉽게 물건이 팔리는 시대는 지났다. 고객들의 정확한 욕구를 파악해서 만족도를 높여야 영업성과를 올릴 수 있는 시대가 온 것이다.

이제는 개인영업이 아닌 각 분야의 전문가 팀을 구축하여 차별화된 방법으로 영업에 임해야한다. 사회가 복잡해질수록 고객들은 다양한 측면으로 도움이 필요하다. 서로 협력하고 도움을 주지 않으면 문제를 풀어 가기가 어려울 정도로 사회는 이미 복잡해졌다. 누구나 처음부터 전문가가 될 수 없다. 그래서 나는 법인영업을 시작하면서 각 전문가들의 도움을 많이 받았다. 여기서 전문가라고 하면 세무사, 법무사, 회계사 등을 말한다. 즉 법인 재무상담을 하는데 필요한 전문가들이라고 할 수 있다. 처음에는 발품을 팔아서 조언을 구하러 다니면서 영업을 해야 했다. 법인시장에서 전문가가 되기 위해서는 전문가들이 팀을 이루어 함께 협력해 나가는 것이 효과적이다.

이러한 관계에서 영업인 스스로 리더가 되어야 한다. 어떠한 경우라도 팀인 경우 누군가는 책임 있는 역할을 해야 조직이 제대로 능력을 발휘할 수 있다. 그러므로 스스로 역량을 키우고, 팀과 협력해서 시너지를 창출할 수 있어야 한다. 모두에게 도움이 되어야 하는 것이다. 영업인 자신에게는 물론이고 함께하는 전문가들도 각자의 위치에서 보다 시너지 효과가 일어나야만 한다. 그래야 오랫동안 함께 성장할 수 있다. 그 혜택은 고스란히 고객에게 돌아가 만족도를 높일 수 있다. 이것이 가장 바람직한 영업의 윈-윈 형태이다. 항상 서로에게 득이 될 수 있는 방법을 선택하라.

리더십을 발휘하라

영업의 성과가 좋으면 좋을수록 고객은 점점 많아진다. 그러면 영업인은 처음보다 고객관리를 잘 할 수 없다. 영업 활동과 더불어 고객관리를 함께 병행해야 하기 때문에 점점 감당하기 힘들 정도로 일이 많아질 수밖에 없다. 즉 사람에게 한계가 있는 것이다. 그러므로 전문가가 되기 위해서는 자신의 영업을 직접 도울 수 있는 시스템을 만들어야 한다. 고객관리나 영업 활동에서 직접 도와줄 수 있는 팀을 만들어 조직화시켜야 한다. 또한 이러한 조직의 리더로서 본인의 리더십을 발휘해야 한다. 역할을 분담시켜 조직화해야 한다. 전문가서 프로의식을 가져라. 이렇게 조직화하지 못해서 본인의 영업에 전혀 도움이 되지 않는 경우도 허다하다.

영업인에게는 당연히 고객관리를 해야 할 고객이 확보되어 있다. 고객 내에서도 서로 공감하고 소통하는 좋은 네트워크를 형성하라. 서로가 원만한 관계를 형성함으로써 얻을 수 있는 효과는 상당히 크다. 수많은 사람들이 서로 도움이 될 수 있는 네트워크를 형성하는 것이 중요하다. 영업인은 훌륭한 네트워크를 만들 수 있다.

내부적으로 본인의 영업을 돕는 조직도 고객으로 여겨야 한다. 외부의 전문가팀 역시 마찬가지다. 자신과 연관되어 있는 모든 사람들을 고객으로 여기고, 고객의 입장에서 그들이 성공할 수 있도록 고민하고 행동 하라. 또한 함께 성공하기 위해서 끊임없이 대화하려고 노력하는 자세를 보이면 시너지 효과가 있다.

결과적으로 성공하는 기업이 되어 가는 자신의 조직이 보일 것이며, 리더로서 멋지게 영업을 추진하고 있을 것이다. 다양한 사람들에게 리더십을 발휘하여 더욱 더 큰 성장을 하라.

세미나 영업을 활성화하라

영업 방법은 인터넷의 발달로 인해 다양해졌다. 그 중 일대 다수의 전문적인 세미나 영업으로 승부하라. 특히 다양한 전문가들과 함께 팀을 구축하여 세미나 영업을 활성화하면 영업에서 큰 성과를 올릴 수 있다. 이러한 세미나를 자주 개최하면 자신의 역량도 급격하게 올릴 수 있다. 세미나는 참여 대상별로 이렇게 준비한다.

첫 번째, 가정에 자녀들이 있는 고객들을 대상으로 '올바른 자녀교육'에 대해 세미나를 실시하라. 올바른 인성교육과 함께 자녀를 위한 경제 세미나를 하면 엄마들의 반응과 만족도가 매우 크다. 특히 초등학교 자녀를 둔 학모들을 모시고 세미나 진행할 경우에 자녀들을 위한 경제 세미나에 큰 관심을 보였다. 이는 경제교육이 어릴 때부터 필요하다고 인식하고 있기 때문이다. 또 세미나 중 영업의 본질적인 내용을 가지고 세미나를 진행했을 때 영업성과로 연결된다. 세미나를 마치고 만족도를 작성하면서, 영업에 도움이 되는 정보를 수집하면 다음 프로세스로 이어진다. 현장에서 바로 상담이 이루어지는 경우도 많다. 세미나 영업은 전략적으로 세심하게 연구해서 프로세스를 진행해야 한다. 세미나 영업은 확인과 검토가 핵심이다. 그랬을 때 추가적인 계약이 쏟아진다.

두 번째, 기업을 고객으로 확보했을 경우 기업을 대상으로 한 세미나를 실시하라. 그 기업을 특성에 맞게 기업의 활성화시킬 수 있는 방안과 함께 즐겁게 일할 수 있는 방법, 그리고 재테크 세미나를 함께 실시하라. 기업 내에서 이루어지는 세미나는 이미 경영주가 고객이기 때문에 많은 긍정적인 요소를 가지고 실행할 수 있다. 회사에서 세미나를 진행할 때 고객인 대표에게 먼저 어떤 내용으로 세미나를 진행할 것인지에 대해 제안한다. 대부분의 대표들은 회사 직원들의 복지를 위해서라도 제안한 세미나에 대해서 찬성한다. 당연히 세미나의 내용에는 기업의 활성화를 위한 전략들이 들어있어야 한다. 또 직원들이 관심 있어 하는 항목도 있어야 한다. 영업을 위한 목적은 일부분으로 첨부하여도 된다. 신뢰 확보가 먼저이기 때문이다. 이렇게 대표의 동의를 얻고 진행하는 기업 내의 세미나에서 많은 효과를 거둘 수 있다. 직원들은 가정이 있기 때문에 가족 상담으로 확산시킬 수도 있다.

세 번째, 가망고객 대상으로 세미나를 실시하라. 가망고객을 꾸준하게 관리했다면 세미나를 실시하기가 용이하다. 그렇지 않더라도 새로운 시장을 향해 실제적인 이익을 줄 수 있는 방법을 찾아서 세미나를 실시하라. 특히 법인시장에서는 정부지원금을 활용한 주제로 세미나를 실시하면 많은 관심을 받을 수 있다. 실제로 지원금 사례를 주제로 세미나를 실행했을 때 가장 만족도가 높았다. 특히 법인 대표를 대상으로 세미나를 실시할 때는 경험이 있는 세무사, 노무사,회계사 등 관심 있는 분야로 임펙트 있는 프로그램을 만들어 세미나를 실행하면 큰 만족을 줄 수 있다. 가망고객 세미나는 반드시 계약과 연결된다는 것을 명심하라. 세미나 영업을 활성화하여 새로운 가망고객 창출과 신규고객 창출을 맘껏 하라.

고객에게 좀 더 양질의 혜택을 주기 위해 차별화된 영업 방법으로 전문가들과 함께 팀워크를 형성하라. 이를 통해 서로 협력하여 성장하며 차별화된 경쟁력을 가져라.

핵심 포인트

1 개인이 할 수 있는 영업은 한계가 있다.
전문가들과 함께 팀워크로 승부하라.

2 많은 사람들이 자신의 능력을 발휘해서
서로 도움을 줄 수 있는 네트워크를 형성하라.

3 다양한 전문가들과 함께 팀을 구축하여
세미나 영업을 활성화 하라.

4 서로 협력하여 성장하는 차별화된 경쟁력을 키워라.

5

심리학을 활용한 영업 기법

"다음과 같은 세일즈 황금률을 마음속에 새겨라.
모든 조건이 동일하다면 누구나 자기가 알고 좋아하고 있는 사람들과 거래하고
그들에게 일을 맡길 것이다."

— 밥 버그

과연 억대 연봉을 받는 영업 고수들의 비법은 무엇일까?

억대 연봉을 받는 영업 고수들의 비법, 그것은 바로 심리학을 활용한다는 것이다. 사람의 마음을 들여다보고 심리를 파악하는 것이다. 즉 상품을 구매하도록 효과적으로 심리학 원리를 써먹을 줄 아는 사람인 것이다. 고객의 심리를 파악하고, 효과적으로 대처할 수 있는 방안을 찾아보자.

첫 번째, 모든 가망고객의 마음속에는 거절하려는 본능이 있다. 영업사원 앞에서 긍정의 대답을 하면 상대방에게 이익을 준다는 생각에서 벗어나지 못하기 때문이다. 계약이 성사되면 고객은 손해를 보고 '영업하는 사원이 이익을 본다'는 잠재의식이 숨어있다. 그래서 고객은 무의식중에 지배당하지 않기 위해서 거절을 하는 것이다. 이런 심리를 먼저 파악하고 상담에 임해야 한다. 그러면 고객이 거절하는 것에 대해 자연스럽게 받아들일 수 있고, 준비한 다음 상담을 진행해 나갈 수 있다. 상담을 준비할 때는 고객의 심리 상태를 잘 파악하고, 더욱 꼼꼼하게 준비해서 신뢰를 얻을 수 있도록 노력해야 한다. 영업인보다 고객 스스로에게 혜택이 많다는 것을 느낄 수 있도록 준비하면 효과적이다.

두 번째, 모든 가망고객의 마음속에 있는 공포 심리를 활용한 영업기법이다. 많은 영업에서 공포 심리를 활용하지만, 특히 보험 영업에서는 더욱 공포 심리를 많이 활용하고 있다. 예를 들어 가장으로서 책임을 다하지 못했을 때 자녀들이 겪을 고통을 여러 스토리로 만들어 심한 공포를 느끼게 한다. 자녀를 위해 계약을 유도하기위함이다. 또한 치명적인 질병에 걸렸을 때 경제적 파탄에 대한 공포도 활용하고, 돈 없이 오랫동안 사는 위험에 대한 간접적 체험도 느낄 수 있도록 한다. 모두 공포 심리를 이용한 영업 기법이다. 이런 공포를 대비하도록 이해시켜 보험 계약을 성사시키는 것이다.

세 번째 고객은 언제나 자신의 결정이 옳은가에 대한 확신을 필요로 한다. 현장에서 상담에 만족해서 마음속에 결정을 내렸을 때조차 '나중에 후회하면 어떻게 하지?'라는 심리가 숨어져 있다. 그래서 이것을 미리 파악하고 준비해야 한다. 반드시 신뢰성 있는 자료를 준비해야 한다. 가망고객이 판단하기에 '자신의 결정이 옳다'라는 확신을 가질 수 있을 만큼의 사회적 증거가 필요하다는 것이다. 그것은 정확한 상품의 기능은 물론이고 경쟁사와 비교해도 확신을 가질 수 있을 만큼의 비교 자료를 필요로 한다. 또 같은 결정을 내린 타인의 만족도를 조사한 증거자료도 좋다. 그래서 요즘은 고객들에게 피드백을 받는 것이 중요하다. 나 역시 인터넷으로 구매를 할 때는 구매평을 보고 결정한다. 이는 고객의 심리상 아주 중요한 부분이다.

네 번째, 고객은 호감 있는 사람에게 계약하는 심리가 있다. 앞서 살펴본 대로 사람과의 소통은 93%가 무의식중에 발생하는 것이다.

그래서 상담할 때 우리는 말보다 무의식적인 행동으로 더 많은 정보를 전달한다. 이렇게 비언어적 행동이 의사소통의 93%나 차지함에도 불구하고, 많은 영업인들이 이 부분에 대해서 진지하게 생각하지 않는다. 고객들은 호감을 느껴야 자신의 욕구를 말할 수 있다. 호감을 느끼지 못하는 영업사원에게 '대부분의 고객들은 계약을 하지 않는다.'는 사실을 명심하라.

다섯 번째, 고객은 갖지 못한 것에 대해서 진심으로 원하고 있다. 특히 한정판매에 대해서는 더욱 더 그러하다. 상담을 하다보면 결정하고 싶은 속마음을 엿볼 수 있게 된다. 그때 바로 결정을 할 수 있도록 적극적으로 돕는 사람이 영업에서 큰 성과를 내는 사람이다. 언제까지 결정해야 혜택을 보는 건지 말하는 것도 좋다. 또 '지금이 아니면 기회가 없다'라는 강력한 메시지도 결정하는데 도움을 준다.

마지막으로 고객과 상담을 마치기 전 경쟁자에 대해도 미리 말해 두면 추후에도 안심할 수 있다. 요즘은 경쟁시대이다 보니, 이미 결정이 끝났음에도 불구하고 경쟁자들에 의해 계약이 취소될 경우가 있다. 그러므로 모든 정보는 공개하는 방법을 선택하라. 사전에 상품의 단점도 지적해 주고, 그 대신 어떤 점들이 강점인지에 대해 충분히 알려 준다. 현장에서 벌어질 수 있는 상황에 대해서 미리 고객에게 이해시키면 충분한 방어가 될 수 있다. 여기까지 마무리해야 한다. 그러면 고객은 더욱 단단한 협력자가 될 것이다. 이렇게 고객은 수많은 심리를 가지고 있으므로 고객의 심리를 미리 파악하고, 상담 하면 성공 확률이 아주 높아진다.

핵심 포인트

1 | 억대 연봉을 받는 영업 고수들은 심리학을 활용하여
사람의 마음을 들여다본다.

2 | 고객의 마음에는 거절하려는
본능적 심리가 숨어 있다.

3 | 고객은 언제나 자신의 결정이 옳은가에 대한
확신을 필요로 한다.

4 | 고객은 호감 있는 사람에게 계약하는 심리가 있다.

5 | 고객은 갖지 못한 것에 대해서 진심으로 원하고 있다.

6 | 경쟁자가 다가와서 어떻게 할 가능성에 대해
미리 지적하라.

영업은 미래다.
당신이 영업을 제대로 배운다는 것은 엄청난 기회를 제공받는 것이다.
미래 리더가 되려면 영업부터 배워라.

5장

미래 영업을
준비하라.

BUSINESS

1

미래 영업을 준비하라.

"마음속에 원하는 것을 그려보라.
그것을 보고 느끼고 믿어라.
청사진을 만들어 집을 짓기 시작하라."

— 로버트 칼리어

미래는 영업력이다

현재 우리나라 경제는 저성장 시대로 접어들었다. 저성장 시대에는 무한경쟁을 통해서 이겨야만 살아남을 수 있다. 서울대 김현철 교수의 저서 "어떻게 돌파할 것인가"에서는 저성장 시대를 맞은 일본을 벤치마킹 해서 저성장 시대의 돌파 전략을 가지고 영업할 것을 강조했다. 앞으로 사업의 생명은 영업력에 있다는 의미다. 기업에서 아무리 제품과 좋은 서비스를 한다 해도 탁월한 영업인들이 존재하지 않는다면, 그 기업은 절대 성공할 수 없다. 물론 기업이 성공하기 위해서는 모든 부서가 중요하지만, 특히 영업이 모든 것에 우선하는 세상인 것이다. 그래서 요즘 기업의 리더들은 탁월한 영업력을 갖춘 분들이 많다. 자수성가한 기업인들은 당연히 그러하고, 내가 만난 영업조직의 CEO는 영업 현장에 경험이 있는 분들이 대부분이었다. 웅진그룹의 윤석금 회장은 "당신이 앞으로 사업을 하든 그 밖에 다른 일을 하든 미래의 지도자가 되기 위해서는 세일즈를 해볼 필요가 있습니다. 세일즈는 사람을 설득해 자신을 받아들이게끔 하는 일로, 강한 정신력을 키워 줍니다. 장래에 큰 일을 하겠다는 포부가 있다면 세일즈 경험이 중요한 자산이 될 수 있습니다."라고 말했다. 또 글로벌 기업 중 영업 출신이 CEO가 되는 조직들이 많이 늘어나고 있다. 이는 고객을 만족시키는 것이 회사의 핵심 요소가 되어가고 있기 때문이다.

지금은 누구나 영업을 하고 있다

세계적인 미래학자로 손꼽히는 다니엘 핑크의 저서 "파는 것이 인간이다"에 보면 '미국 근로자의 아홉 명 중 한 명은 세일즈를 한다.' 이는 미국 노동통계국에서 발간한 고용구조조사의 보고서이다. 이어진 다음 내용을 보면 '나는 세일즈 일을 하는 사람이 아니다. 하지만 나의 하루를 분석한 결과 일과에 상당부분을 광범위한 개념의 판매를 하는데 사용하고 있음을 발견했다. 남을 설득하여 납득시키고, 영향을 미치는 일을 하고 있는 것이다. 나는 특별하지 않다.'라고 말했다. 즉 비판매 세일즈를 한다는 것이다. 전통적인 개념의 판매보다 비판매 세일즈가 훨씬 더 많이 행해지고 있다. 또 '당신은 직장에서 무슨 일을 합니까?' 라는 설문조사에서 미국인 아홉 명 중 한 명은 세일즈 일을 하고 있지만, 그 아홉 명 중 여덟 명 역시 다른 사람을 움직이는데 시간을 쓰고 있으며, 이를 비판매로 변화된 세일즈라고 표현했다. 다시 말해 전통적인 세일즈든 비 판매 세일즈든 누구나 무엇인가를 팔고 있다는 것이다.

1인 기업 시대를 준비하라

인터넷의 발전으로 세상은 많이 바뀌었다. 이제는 어느 곳에 있든 인터넷이 되는 곳은 사무실이 될 수 있고, 사업을 할 수 있다. 심지어 집에서도 일을 할 수 있게 된 것이다. 인터넷 시대로 접어들면서 힘든 기업의 조직생활에서 벗어나, 좀 더 능동적이고, 좀 더 유연하게 경제생활을 하고자 하는 사람들이 사업을 시작한다.

저성장과 고령화로 인해 일찍부터 직장에서 내몰리는 현실이다. 이는 어쩔 수 없는 시대적 흐름이라고 볼 수 있다. 이러한 사회현상은 1인 기업 시대로 이어지게 될 것이다. 자기 자신이 기업이 되고, 모든 업무를 진행할 수 있는 능력을 보유하도록 미리 준비해야 한다. 그래야 살아남을 수 있다. 이제는 일부만 영업을 하는 것이 아니라, 모든 사람이 영업 능력이 있어야 살아남는 시대가 열리는 것이다. 이제는 기업가인 동시에 영업인이여야 한다. 그래서 기존 업무의 경계를 넘어 영업력을 포함한 모든 기술을 가져야 한다.

한 가지 일만 할 수 없고, 모든 일을 해야 하는 것이다. 그 모든 일에는 사람의 마음을 움직이는 일이 가장 큰 비중을 차지한다. 사람의 마음을 움직이는 일은 영업의 본질이기도 하다. 사람을 진심으로 돕기 위해서는 사람의 마음을 움직여야 하기 때문이다. 탁월한 영업 능력을 갖추려면 영업의 정확한 프로세스를 익히고 연구해서 자신만의 영업시스템을 갖추고 있어야 한다.

처음에 영업을 어떻게 배우는가에 따라 앞으로 당신의 미래가 달라진다. 그래서 필자는 첫 영업의 중요성을 강조하는 것이다. 영업을 배움 없이 함부로 시작하지 마라. 영업은 치밀한 계획과 전략을 세워 바르게 배워야 한다. 특히 1인 기업 시대에는 반드시 영업력이 타고난 사람이 성공할 수밖에 없다. 영업이 사람의 마음을 움직이는 기술이기 때문에 그러하다. '1인 기업의 시대는 곧 탁월한 영업력이 전부다.'

올바르게 나아가라

영업 조직은 끊임없는 경쟁 속에 있다. 무한경쟁 속에서 이기기 위해서 치밀한 전략과 행동으로 엄청난 몸부림을 치고 있다. 또한 노력한 만큼 결과에 대해 민감하고, 항상 스트레스에 노출되어 있다. 그러다보면 자칫 반드시 이겨야 한다는 마음이 앞서서 정도를 걸어가기가 힘들 수도 있다. 그러나 명심하고 또 명심하라. 어떠한 경우라도 반드시 정직하고 옳은 방법으로 이겨야 한다. 달콤한 유혹이 오더라도 피해야 한다. 정도에서 벗어난 영업을 주변에서 많이 볼 수 있다. 그러나 그러한 영업 방법은 절대 오래 갈 수 없고, 법적으로도 제약이 있다는 것을 명심해야 한다.

영업프로세스는 여러 단계로 이루어지기 때문에 그 과정마다 수단과 방법을 가리지 않는다면 고객과의 신뢰는 깨어지고 지속적인 관계가 불가능해진다. 신속한 결과가 나오지 않더라도 천천히 정도를 걷다 보면 고객과 반드시 신뢰가 확보된다. 그러한 고객은 단순한 한 명의 고객이 아니라 당신을 지지하는 협력자인 것이다. 어떠한 경우라도 정직하고 올바르게 걸어 나갔을 때, 수많은 협력자가 생기고 진정한 성공을 맛볼 수 있다. 이것이 오랫동안 영업을 잘 할 수 있는 유일한 길이다. 영업은 미래다. 당신이 영업을 제대로 배운다는 것은 엄청난 기회를 제공받는 것이다.

핵심 포인트

1 | 요즘은 전통적인 판매이든 비판매이든
누구나 영업을 하고 있다.

2 | 앞으로 1인 기업 시대가 열린다.

3 | 1인 기업의 시대는 곧 탁월한 영업력이 전부다.

4 | 어떠한 경우라도 정직하게 올바르게 나갔을 때,
수많은 협력자가 생기고 진정한 성공을 맛볼 수 있다.
이것이 영업을 잘 할 수 있는 유일한 길이다.

5 | 영업은 미래다. 당신이 영업을 제대로 배운다는 것은
엄청난 기회를 제공받는 것이다.

2

잠재된 능력을 깨워라.

"인간의 잠재력은 힘이나 지능이 아니라
끈질긴 노력과 용기에 의해 드러난다."

– 윈스턴 처칠

당신 내면에 과연 무엇이 있을까?

"평범한 사람은 자기 자신이 가지고 있는 잠재력의 단 10%만 활용하고 있을 뿐이다"라고 변화 심리학의 최고 권위자인 앤서니 라빈스가 말했다. 또 스탠포드대학에서 실시한 대뇌피질 연구 결과에 따르면 보통 사람은 타고난 정신 능력의 2%만을 사용한다고 한다. 그렇다면 대부분의 사람들이 자신의 잠재력을 모른 채 살아가는 것이 아닌가?

자신의 잠재력을 인식하지 못하고 하던 일만 하는 것이다. 자신이 무엇을 할 수 있는지에 대해서 모른 채 살아가는 것은 정말 안타까운 일이다. 대부분 스스로 정한 한계 내에서 평범하게 살아가는 것이다. 그와는 반대로 성공한 사람들은 자신 안에 있는 무한한 잠재력을 알고, 그 잠재력을 깨우기 위해 끊임없는 노력한다.

세상에서 당신과 같은 사람은 단 한 명도 없다. 우리 모두는 특별하고 창의적인 일을 할 수 있는 잠재력을 지니고 있다. 분명 당신의 내면에도 상상할 수 없는 엄청난 잠재력이 잠자고 있다. 어떻게 하면 당신의 안에 잠자고 있는 잠재력을 깨울 수 있을지를 고민해야 한다. 잠재된 능력을 깨우고 싶다면, 먼저 당신의 마음에 엄청난 잠재력이 있다고 믿어야 한다. 모든 것은 우리의 생각에서 시작된다. 생각을 바꾸면 당신의 인생도 달라질 것이다. 당신의 내면에는 엄청난 잠재력이 잠자고 있다고 굳게 믿어라.

잠재된 능력을 깨우는 방법을 찾아라

다음은 당신 내면의 잠재된 능력을 깨우는 몇 가지 방법이다.

첫 번째, 긍정적인 태도를 유지하라. 긍정적인 태도는 긍정적인 사고를 할 수 있어야 나타나는 행동이다. 매일 일어나는 일들에 대해서 사람들에게 긍정적인 태도를 보이는 것이다. 항상 잘될 것이라는 믿음으로 밝게 웃으며 행동하는 태도를 가져라. 반대로 부정적인 태도를 가지고 있는 사람은 주변을 복잡하게 만들 뿐만 아니라, 좋은 성과를 기대하기도 어렵다. 긍정적인 태도는 행복과 자신감을 불러오고, 좋은 결과를 가져온다. 즉 일을 하면서 많은 사람들에게 좋은 영향을 미치도록 노력하고, 스스로도 좋은 사람이라는 것을 굳게 믿음으로써 긍정적인 태도를 취하라. 이것이 잠재된 능력을 깨우는 가장 중요한 요소다.

두 번째는 자부심을 가져라. '무엇이든 할 수 있다'는 강한 믿음을 가지는 것이다. 자신의 가치와 능력은 엄청난 것이라고 항상 믿어라. 그러한 믿음이 열정적으로 행동할 수 있는 토대다. 자부심은 자기 자신을 사랑하는 마음에서 나온다. 자기 자신을 좋아하면 좋아할수록 자신감이 더해갈 것이다. 그러면 일에서도 좋은 성과를 낼 수 있고, 창의적인 생각도 할 수 있다. 자기 자신을 좋아하지 않고, 사랑하지 않으면 다른 사람도 좋아하거나 사랑할 수 없다. 일을 시작하기 전에 항상 습관처럼 이렇게 말하라.

'나는 나를 사랑한다.'

'나는 무엇이든지 할 수 있다.'

'나는 항상 좋은 결과를 이끌어낸다.'

'나는 성공한다.'

이렇게 자신에게 매일 외치면 더욱 더 자부심이 생길 것이다.

세 번째는 두려움을 떨쳐버려라. 경험해보지 못한 것은 항상 두려움을 준다. 두려움을 떨쳐버리기 위해서 먼저 실행에 옮겨라. 그러면 두려움에서 즉각 벗어날 수 있다. 신기하게도 첫 발만 내딛으면 된다. 두려워서 실행할 수 없는 것이 아니라 실행을 먼저 함으로써 두려움을 떨쳐버려라. 이러한 성공 경험이 쌓여 두려움을 떨칠 수 있는 방법을 터득하는 것이다. 두려움은 마음의 안정이 무너진 상태에서 올 수 있기 때문에 항상 마음의 안정을 찾을 수 있도록 노력하라.

네 번째, 절대로 안주하지 마라. 안주는 잠재력을 깨우는데 부정적인 영향을 미친다. 오랫동안 반복된 습관은 스스로 변화하기 어렵다. 성장하기 위해 잠재력을 깨우려면 오랜 습관을 버리고 새롭게 성공 습관을 쌓아야 한다. 그러기 위해서 절대적으로 피해야 할 요소가 안주하는 것이다. 항상 변화를 시도하고 나아가라.

새롭게 도전하라

잠재된 능력을 깨우는데 어떤 요소보다 중요한 것은 항상 새롭게

도전하는 것이다. 내 삶의 수많은 경험들이 이것을 증명했다. 처음에
는 절대로 불가능한 일들이 많았다. 그러나 새로운 도전을 수많이 거
듭하면서 나의 잠재력을 깨울 수 있었다. 전혀 경험해보지 못한 것들
을 시도하라. 예를 들어 본인이 터득한 성공 사례가 있다면 강단에
서라. 또 새로운 시장에도 과감하게 도전하라. 경험해보지 못한 새로
운 사업에도 도전해 보라. 절대로 못할 것 같은 일들을 도전해 보라.
새로운 도전에 실패해도 잠재력을 깨울 수 있고, 성공하면 더욱 더
큰 잠재력을 깨울 것이다. 새로운 도전의 성공에서 당신의 잠재된 능
력을 뚜렷이 보게 될 것이다.

핵심 포인트

1 분명히 당신의 내면에는 엄청난 힘을 발휘할 수 있는
잠재력이 잠자고 있다.

2 긍정적인 태도는 행복과 자신감을 불러오고,
매일 일어나는 일에서 좋은 결과를 가져온다.

3 두려워서 실행할 수 없는 것이 아니라
먼저 실행을 함으로써 두려움을 떨쳐버려라.

4 잠재력은 경험해보지 못한 것들을
새롭게 도전했을 때 하나씩 깨울 수 있다.

3

고객과 함께 성장하라.

"모든 것을 바쳐 최선을 다하고 그 과정에서
가족과 사회의 필요한 것이 채워졌을 때
그 사람은 성공 습관을 완성한 것이다."

– 맥 R. 더글러스

고객과 함께 부자가 되어라

'당신이 영업을 시작한 목적은 무엇인가?' 그것은 행복한 삶을 위해서 였을 것이다. 그렇다면 오랫동안 성공하기 위해서 반드시 고객과 함께 성장해야 할 것이다. 시간이 지날수록 인정받는 전문가로 성장해야 하며, 성공의 길을 걸어 가야 한다. 자신의 뚜렷한 목표를 위해 끊임없이 노력하면서 고객과 함께 나아가라. 본인이 희망하는 부를 창출하라. 당신과 마찬가지로 고객도 성공하고 부를 쌓을 수 있도록 함께 이루어가라.

고객과 계약하는 순간부터 맹세하라. 고객이 성공하도록 도우며 재정적으로 안정되고, 부자가 되는 길을 끝가지 안내하겠다고 다짐하라. 처음 신입사원으로 고객이 되었지만 시간이 지나면서 대리가 되고, 과장이 되고 부장이 되고, 나아가 'CEO까지 될 수 있는 잠재력을 가진 사람'이라는 마음에 새기길 바란다. 이런 마음가짐이라면 고객이 최선을 다할 것이다. 고객에게 잘 돼야 성공할 수 있는 법이다.

자신도 성장하여 신뢰와 존경받는 진정한 전문가로 인정하게 될 것이다. 한 고객을 만족시키고 신뢰가 바탕이 된다면 그 사람으로 인해서 창출될 새로운 가망고객은 엄청나다. 이런 사실을 명확히 알고 고객관리를 하면 영업프로세스는 선순환된다. 영업에서 프로세스가 끊이지 않고 선순환되면 체계적으로 시스템을 만들 수 있다.

이렇게 고객관리는 영업프로세스 선순환을 위한 최선이다. 고객

관리를 체계적으로 프로그램화시켜서 함께 부자가 되어라. 고객을 성장시키기 위해 당신 역시 성장해야 한다고 생각하면 얼마나 행복한가? 고객이 부자가 되면 영업도 훨씬 잘될 것이다. 고객을 부자로 만들 책임이 자신에게 있다고 생각하라. 부단히 고객을 위해서 노력하라. 진정으로 영업에 성공한 사람들은 고객과 함께 성장해 나간다.

고객을 위하여 강연을 하라

고객들은 각자의 생활방식이 있다. 그로 인해 어려움에 부딪치기도 하고 성공을 맛보기도 한다. 또한 삶에는 항상 이벤트가 생긴다. 자녀를 출산하고, 집을 확장하고, 승진하고, 자녀 교육 문제가 생기기도 하고, 사업에 성공하거나 실패하고, 은퇴를 위한 준비를 하는 등 여러 가지 삶의 이벤트를 맞이한다. 이런 것들을 감안하여 고객을 위해서 여러 가지 주제로 강연하면 시너지 효과를 볼 수 있다. 정기적인 모임을 가질 수도 있고, 고객과의 관계에서 서로 도움이 될 수 있다. 또한 추가적인 상품에 대한 필요를 파악하여 영업에도 많은 도움을 얻을 수 있다. 나 역시 성공하는데 강연은 많은 도움이 되었다. '행복한 인생 만들기', 'CEO들의 절세 방안', '올바른 자녀 경제 세미나' 등으로 고객의 신뢰를 확보할 수 있었고, 추가적인 계약도 얻어낼 수 있었다. 많은 영업인들이 세미나를 개최하는 것이 시간과 돈이 많이 들어 힘들다고 생각하는데, 그에 따라오는 유용한 기회가 훨씬 더 많다. 고객을 평생 파트너로 생각한다면, 감사한 마음을 표현할 수 있는 장은 열어야 할 것이다. 사람은 서로 도우면서 의지해야 살 수 있는 존재이기 때문에 서로에게 도움을 주는 영업은 행복한 성공을 가능하게 한다. 멋진 전문가의 모습으로 강연을 준비하라.

평생 파트너처럼 대하라

고객이 당신을 신뢰하고 당신에게 적극적으로 지지를 보내면서 협력자가 되기를 원한다면 당신은 어떻게 행동해야 하는가? 고객을 평생 파트너로 생각한다면 당신의 행동에 좀 더 진정성이 드러날 것이다. 당신이 원하는 대로 사람들이 행동하게 하려면, 당신이 먼저 고객이원하는 행동을 해야 한다. 고객을 당신의 협력자로 평생 유지하고 싶다면, 당신이 먼저 그를 평생 파트너처럼 대하라.

결국 당신이 성공을 지속할 수 있는지에 대한 여부는 고객의 결정에 달려 있다는 점을 명심하라. 고객이 원하는 행복은 무엇인지 항상 생각하라. 그리고 고객을 연령별, 직업별 등 기준을 정해 나눠서 그들에게 맞는 정보를 제공하며 관리하라. 각 고객의 특정 요구에 맞춘 혜택을 제공해야 고객을 오랫동안 유지할 수 있다. 특별한 협력자에게는 더욱 최선을 다해서 서비스를 제공하려고 노력하라.

내가 만난, 오랫동안 성공한 사람들은 자기 자신만 성공하는데 몰두하는 것이 아니라, 주변 사람들이 성공할 수 있도록 좋은 영향력을 미쳤다. 이들은 동료와 함께 성공하기 위해서 자신의 노하우를 아끼지 않고 전해 주며, 고객과 함께 성공하고자 끊임없이 노력한다. 옆에서 지켜보면 감동 그 자체다.

핵심 포인트

1 | 고객을 성장시키기 위해 당신 역시
　　　성장해야 된다고 생각하면 얼마나 행복한가?

2 | 멋진 전문가의 모습으로 고객의 생활방식에 맞는
　　　강연을 준비하고 도전하라.

3 | 당신이 성공을 지속할 수 있는지에 대한 여부는
　　　최종적으로 고객의 결정에 달려 있다.

4

진심으로 사랑하라.

"인생에 있어서 최고의 행복은
우리가 사랑받고 있음을 확신하는 것이다."

– 빅토르 위고

지금까지 살아오면서, 우라 모두는 '삶의 핵심은 무엇일까?' '삶의 목적은 무엇인가?' 에 대한 궁금증 가지고 있다. 그 모든 질문에 대한 대답은 바로 '사랑'이다. 나이가 들면 들수록 세상에서 가장 중요한 것은 '사랑'이라고 확신하게 된다. 나 자신을 사랑하고 다른 사람을 사랑할 때만큼 행복할 때가 없다. 나 자신을 용서하지 못하거나 누군가를 미워하는 마음이 들때, 절대로 행복할 수 없다.

영업을 하는 사람은 어쩔 수 없이 많은 사람들과의 관계 속에서 살아가야 한다. 사람들과의 관계에서 핵심인 '사랑'이 없다면 결코 성공할 수 없다. 단기간에는 성공하는 듯해도 시간이 지나면 실패하게 된다. 마음이 고객에게 전해지기 때문이다. 영업은 자기 자신을 사랑하고, 다른 사람들을 사랑하는 정도만큼 성장하고 성공할 수 있는 것이다. 성공한 사람들은 자기 자신에 대한 자부심이 대단하고, 자신이 하는 일에 대한 사랑도 매우 크다.

사람에 대한 사랑의 태도는 긍정적인 에너지를 내며 전염성이 강해서 서로가 큰 성취를 이루어 낼 수 있게 만드는 힘을 지닌다. 사랑의 태도는 상대방이 간혹 실수를 하더라도 모든 것을 덮고 용서할 수 있게 만든다. "시크릿"의 끌어당김의 법칙은 "인생이 자신의 손에 달려 있고, 당신이 좋은 생각만 하면 좋은 일만 일어날 것이라고 믿고 싶은가? 당신은 선택할 수 있다. 그리고 뭘 선택하는지 그에 따라 삶을 경험하게 되리라."라고 말한다. 즉 내가 고객을 진심으로 사랑하고 위하는 마음을 가지면, 고객 역시 당신에 대한 태도를 같은 마음으로 행동하게 된다.

사람과의 이해관계 속에서 일을 하다 보면 불편한 상황도 분명히 생긴다. 그럴 때 성경은 '네 이웃을 네 자신과 같이 사랑하라'라고 했고, '판단 받지 않으려면 판단하지 말고, 악의적으로 우리를 이용하는 사람을 위해서 기도하라'고 가르친다. 심지어 '원수를 사랑하라' 라는 말씀도 있다. 고객을 대할 때 항상 진심으로 사랑하는 마음으로 행동하라. 그런 행동들이 반복되면, 고객과의 관계는 친밀해지고 신뢰는 깊어진다.

사랑은 모든 문제의 정답이다

일을 할 때 슬럼프가 오면 두려움에 휩싸일 때가 있다. 이런 막연한 두려움을 방치하면 불안으로 자리를 잡아 더욱 행동할 수 없게 만든다. 이를 해결할 수 있는 유일한 정답은 바로 '나를 사랑하는 것'이다. 존귀한 나 자신을 찾고, 자기 자신에게 긍정적인 이야기를 하며 스스로를 사랑으로 채워야 한다. 그렇게 하면 자기애와 자부심이 생긴다. 그럴 때 두려움 과 불안이 사라질 수 있다. 일의 원리만 그런 게 아니라 모든 생활에서 그러하다.

두려움과 불안으로 힘이 들 때 자기 자신을 최고라고 생각하고, 무엇보다 자기 자신을 더욱 사랑하려고 노력하라. 다음은 사랑에 관한 가장 멋진 시를 소개한다.

황금의 문

- 에멧 폭스

사랑은 공포를 몰아낸다.

사랑은 온갖 죄를 덮어준다.

사랑은 그 누구에게도 지지 않는다.

충분한 사랑이 정복할 수 없는 어려움이란 없다.

충분한 사랑이 이겨낼 수 없는 질병은 없고,

충분한 사랑이 열 수 없는 문은 없고,

충분한 사랑이 건널 수 없는 바다는 없고,

충분한 사랑이 무너뜨릴 수 없는 벽은 없고,

충분한 사랑이 구제할 수 없는 죄는 없다.

문제가 아무리 깊이 자리 잡고 있더라도,

아무리 미래가 어둡더라도,

아무리 심하게 얽혀 있고, 아무리 실수가 크더라도,

충분한 사랑은 그 모두를 녹여버린다.

우리가 충분한 사랑을 할 수만 있다면,

우리는 이 세상에서 가장 행복하고
가장 강력한 힘을 가진 사람이 될 것이다.

이렇게 '사랑'은 세상 모든 문제의 정답이다.
당신의 삶이 행복하고 성공하기를 원하는가?
그러면 사람을 진심으로 사랑하라!

핵심 포인트

1 | 사람들과의 관계에서 핵심인
'사랑'이 없다면 결코 성공할 수 없다.

2 | 영업은 자기 자신을 사랑하고, 다른 사람들을
사랑하는 만큼 성장하고 성공할 수 있다.

3 | 사랑은 세상 모든 문제의 정답이다.

4 | 당신의 삶이 행복하고 성공하기를 원하는가?
그러면 사람을 진심으로 사랑하라!

5

평생 하고 싶은 일은 무엇인가?

"올바른 사고와 노력은
필연적으로 올바른 결과를 가져올 것임을 알고
즐겁고 평화롭게 일하라."

– 제임스 알렌

새로운 시대를 준비하라

우리나라의 고령화는 전 세계적으로 유래가 없을 정도로 빠르게 진행되고 있다. 얼마 전 공영방송에서 '120세 시대 쇼크, 알파에이지가 온다.'라는 제목으로 방송한 프로그램을 유심히 본 적이 있다. 그 방송에서는 새로운 시대를 이렇게 예고했다. 유전자 분석, 빅데이터, 나노 기술 등 최첨단 과학과 의학이 만나서 '120세 시대'가 바로 앞에 있다고 했다. 즉 알파에이지 시대에 맞게 사회적 개혁과 합의가 이루어지지 않는다면, 우리 사회는 세대 갈등, 연금 고갈, 재정 파탄 등의 많은 문제를 겪을 수밖에 없다고 했다. 축복이어야 할 120세 시대가 재앙이 될 수 있다는 것이다. 또 도쿄 장수연구소에 의하면 1977년도 70세 노인과 2007년도 87세의 노인의 체력이 같다고 했다. 그만큼 의학은 최첨단 과학과 만나서 급속도로 발전하고 있는 것이다. 영국의 사회철학자 피터 레슬릿은 현대 사회에 새로운 인생의 단계가 출연한다고 예측했다. 서드에이지(the third age), 즉 제3연령기가 시작된다는 것이다. 이 새로운 시기는 유년기인 제1연령기와 성인기 및 중간 경력직 일자리로 구성된 제2연령기를 지나서 의존적인 노년기인 제4연령기로 진입하기 전 단계이다. 대략 중간 경력직 및 자녀 양육 의무가 끝나는 시기인 중년기 이후부터 80세까지다. 그래서 120세까지 늘어난 시간과 비용을 모두 감당하려면 40대 후반부터 준비를 해서 55세에 은퇴하기 전까지 새로운 경제활동을 준비하고, 75세에 은퇴하는 이모작 인생설계가 필요하다는 것이다.

제2의 인생을 준비하라

우리나라, 베이비붐 세대들은 은퇴 이후의 인생을 새롭게 준비해야 된다고 이미 인식하고 있다. 그러나 막상 은퇴하고 나면 또 다시 자신의 실력을 발휘해서 할 수 있는 일들이 별로 없는 것이 현실이다. 오랜 시간 동안 다양한 일을 경험하지 못한 사람들은 은퇴를 했을 때, 다른 일을 해낼 수 있는 능력이 떨어질 수밖에 없다. 그래서 수많은 사람들이 은퇴 후에 자영업을 시작했다가 실패하는 것을 볼 수 있다. 반면에 스스로 바닥에서부터 영업프로세스를 정확히 배워 성공한 사람들은 분명히 다르다. 라이나 금융서비스의 김용일 대표는 "영업은 그야말로 학위나 스펙이 없이도, 맨손으로 도전할 수 있는 최고의 직업이다."라고 강조했다. 이렇게 영업에서의 성공 경험은 어떤 일도 다시 시작할 수 있는 지식과 기술을 내공으로 쌓게 한다. 앞으로 다가올 시대는 우리가 상상하는 것 이상이다. 당신이 선택한 영업을 처음부터 제대로 배워라.

영업은 공평한 일이다

우리는 인생에서 불공평한 것들을 많이 만날 수 있다. 처음부터 부자인 부모를 만나면 출발선 자체가 다르다. 스스로 부모를 선택해서 태어날 수 없기 때문에 어쩌면 시작부터 인생이 불공평하다고 생각할 수 있다. 그렇지만 모든 것이 불공평 하더라도 영업은 정직하고 공평하다. 자신이 발로 뛴 만큼 그 결과가 나오기 때문이다. 이것은 26년간 영업을 해 본 내가 분명히 말할 수 있다. 현재의 결과는 분명히 발로 뛴 만큼의 결과일 것이다. 만약 실패했다면 그것 역시 자신이 한 일에 대한 대가이다. 실적을 많이 쌓고 성공하는 동료를 보면 운이 좋다고 생각할 수도 있겠지만, 그 사람은 분명 더 많이 움직이고, 더 많은 사람들을 만나려고 노력했기 때문에 그런 결과가 있는 것이다.

매년 청년실업률이 최고치를 기록하고 있지만 사람들은 영업에 쉽게 도전하려고 하지 않는다. 과감히 도전하라. 영업은 성공으로 갈 수 있는 최고의 직업이다. 누구에게나 기회를 제공하기 때문이다. 그리고 자신이 노력한 만큼의 성과를 분명히 가져다주는 일이다. 또 영업은 자본금 없이 할 수 있는 자기 사업이다. 오히려 처음에 자본이 들지 않기 때문에 사업가처럼 행동하지 않아서 결과가 미비할 수 있는 것이다. 모든 영업인들이 자기 사업처럼 뛴다면 결과가 어떨까? 처음부터 기업의 대표라고 생각하고 성실하게 행동하라. 영업은 농사처럼 땀방울을 흘려야 한다. 부지런한 농부가 풍성한 열매와 곡식을 수확하는 것처럼 영업은 노력한 만큼의 결실을 반드시 얻을 수 있다.

평생 하고 싶은 일은 무엇인가?

평생 영업 일을 하면서 고객에게 하는 질문의 핵심은 바로 이것이다. '당신이 원하는 삶은 무엇입니까?' 고객이 원하는 삶을 알아야 진정한 도움을 줄 수 있기 때문에 이것은 중요한 가치질문으로 생각한다. 이 질문은 나에게 '내가 원하는 삶은 과연 무엇일까?' 라는 생각이 들게 한다. 내가 만난 많은 가장들이 당장에 먹고 사는 문제 때문에 자신이 무슨 일을 좋아하는지, 자신의 적성에 맞는 일이 무엇인지 고려하지 않은 채 무조건 열심히 일하다가 50대 초반에 퇴직한다. 더 이상 다른 일을 할 수 없는 상태로 말이다. 너무 안타깝고 허망한 일이다. 위에서 언급한 '120세 쇼크'에서도 볼 수 있듯이 50대 초반이면 너무나 젊은 나이다. 제2의 인생을 시작할 나이인데, 아무런 준비 없이 은퇴를 한다는 것은 아주 위험한 일이다. 이제 더 이상 하나의 직업으로는 살 수 없는 시대가 열린다는 사실을 가슴에 새겨야 한다. 그리고 미리 준비하라.

제2의 인생을 위해 무엇을 할 것인가? 먼저 자신이 무엇을 잘할 수 있는지, 자신이 무엇을 재밌어 하는지를 염두에 두고 자신의 내면을 살펴라. 그동안 체험한 영업은 이미 모든 것을 당신에게 가르쳐주었다. 무에서 유를 창조할 수 있는 힘과 절대로 포기하지 않는 힘이 생겼을 것이다. 주저없이 당신이 하고 싶은 일에 도전하라. 성공할 수 있는 힘이 충분히 길러졌다. 당신이 평생 하고 싶은 일은 무엇인가? 깊이 생각하고 도전하는 삶이 되길 기원한다.

핵심 포인트

1 새로운 시대에 제2의 인생을 미리 준비하라.

2 당신이 선택한 영업을 처음부터 제대로 배워라.

3 영업은 노력한 만큼의 성과를 가져다주는
공평한 일이다.

4 영업은 자본금 없이 할 수 있는 자기 사업이다.
처음부터 자기 사업처럼 일하라.

5 영업은 무에서 유를 창조할 수 있는 힘과
절대로 포기하지 않는 내공을 길러준다.

6 당신이 평생 하고 싶은 일은 무엇인가?
고민하고 도전하라!

당신이 원하는 삶은 무엇입니까?

20대 중반에 시작한 영업이었지만, 성공하는 영업 프로세스가 존재한다는 사실을 몰랐습니다. 그 누구도 가르쳐 주지 않았기 때문입니다. 39세에 외자계 보험사에 입사하면서, 세계적으로 성공한 사람들로부터 검증된 영업 프로세스가 존재한다는 것을 깨달았습니다. 나는 이 프로세스에 치밀한 정성을 더하여 나만의 매뉴얼을 만들어서 성공의 문을 열수 있었습니다. 그만큼 부족한 내가 보였기 때문입니다. 여기서 매뉴얼화한 모든 것을 영업현장에서 바로 활용가능 하도록 제시했습니다.

처음 영업할 때 그때 좀 더 미리 알았더라면 그토록 힘들지도 않았을 것이고, 시행착오도 덜 겪었을 것입니다. 그러나 영업에서 이 모든 것들은 삶의 엄청난 배움이 되었습니다. 어려웠던 시절 '일과 영업'의 막연한 두려움으로 시작했던 만큼 현재 어렵게 시작하는 많은 분들께 진심으로 도움이 되고자 26년의 노하우를 이 책에 고스란히 담았습니다.

제가 영업에서 성공할 수 있었던 가장 핵심은 '영업의 본질'을 수행하려고 하는 끊임없는 노력이었습니다. 영업은 사람을 '진심으로 돕는 일'입니다. 모든 일의 본질이기도 합니다. 사람을 진심으로 돕기 위해서는 '당신이 원하는 삶이 무엇입니까?'에 대한 질문을 항상 해야 했습니다. 어떠한 것을 원하는지 이해하고 있어야 상대방을 도울 수 있기 때문입니다. 그러한 가치 있는 대화를 통해서 고객의 마음을 엿볼 수 있었습니다. 이때 더욱 본질을 수행하기 위해 노력하면 고객의 마음도 얻을 수 있습니다. 어떤 일이든 본질이 무너지면 실패합니다. 또 '사람과의 관계 속에서 무엇이 가장 소중한 것인가?' 이것에 대한 해답은 '사랑'이었습니다.

영업은 내 삶에 가장 중요한 것은 가르쳐주었습니다.

'당신이 원하는 삶이 무엇입니까?' 라는 질문과 '사람과의 관계에서 가장 소중한 것이 무엇입니까?' 라는 질문에 정답을 가르쳐 준 것입니다. 이 두 가지의 해답을 찾은 저는 새로운 인생을 도전합니다. 지금까지의 배움이 새로운 시대에 맞는 제2의 인생을 도전 할 수 있는 힘을 주었습니다. 인생은 늘 선택입니다. 선택은 마음이 움직여야 할 수 있는 일이기도 합니다.

당신이 현재 영업을 선택 했다면 행운입니다. 당신이 원하는 삶이 무엇이든, 영업을 제대로 배운다는 것은 당신 인생에 엄청난 기회 제공이 될 것입니다. 확신을 가지시고, 열정적으로 행동하십시오!

일하면서 항상 나 자신에게 '올바른 길을 가고 있는가?'에 대한 질문을 했습니다. 다양한 방법으로 해결책을 마련하고, 현장에서 더 많은 배움으로 성장할 수 있었습니다. 앞으로 미래는 1인 기업의 시대이자, 영업의 시대가 펼쳐집니다. 더욱 용기 내시고, 힘찬 도전을 하시길 바랍니다. 그리하여 당신이 원하는 삶을 행복하게 살아가시길 진심으로 기원 드립니다. 그동안 저를 아끼고 사랑하여 주신 많은 분들께 감사드립니다. 하나님께 이 모든 영광을 돌립니다. 감사합니다.

구체적인 가이드라인을 제시함으로써 영업현장에서 바로 적용할 수 있는 노하우를 배울 수 있었으며 영업에 임하는 전투적인 마인드, 체계적인 목표수립, 꿈을 이루겠다는 열정 이 삼박자의 중요성을 깨닫게 되었습니다. 약 1년 전, 영업을 시작할 때 영업 관련 도서를 많이 읽었습니다. "영업은 처음입니다"는 제가 본 도서 중 최고입니다.

KT&G 영업사원 이명재, 남23세

영업직무라면 지원하기 망설여지는 취업준비생에게 따뜻한 용기를 주는 책. 마치 엄마가 들려주는 듯한 진솔하고 담백한 이야기들. 그래서 더 와 닿고, 현실감 있는 책

청년창업자 김oo, 남27세

영업을 하며 내가 겪을 고생을 미리해본 작가가 진솔하게 알려주는 영업의 비법서. 영업을 잘하는 사람이라고 생각 하면 흔히 떠올리는 마초는 성격에 술을 잘 마시는 그런 사람이 아닌 평범한 작가가 여러 영업 분야에서 거둔 이야기가 그대로 담겨있어 더욱 따뜻한 책

재무설계사 김oo, 여29세

BUSINESS